Anton-Goremyka

Dmitry Grigorovich

Антон-Горемыка

Дмитрий В. Григорович

Anton-Goremyka

ISNB: 978-1-60444-906-8

Антон-Горемыка

© Индоевропейских Издание , 2018

ISNB: 978-1-60444-906-8

АНТОН-ГОРЕМЫКА

Живи, коли можется;
Помирай, коли хочется.
(Народная пословица)

I

Дядя и племянник

В самой глухой, отдаленной чаще троскинского осинника работал мужик; он держал обеими руками топор и рубил сплеча высокие кусты хвороста, глушившие в этом месте лес непроходимою засекой. Наступала пора зимняя, холодная; мужик припасал топливо. Шагах в пяти от него стояла высокая телега, припряженная к сытенькой пегой клячонке; поодаль, вправо, сквозь обнаженные сучья дерев виднелся полунагой мальчишка, карабкавшийся на вершину старой осины, увенчанную галочьими гнездами. Судя по опавшему лицу мужика, сгорбившейся спине и потухшим серым глазам, смело можно было дать ему пятьдесят или даже пятьдесят пять лет от роду; он был высок ростом, беден грудью, сухощав, с редкою бледно-желтою бородою, в которой нередко проглядывала седина, и такими же волосами. Одежда на нем соответствовала как нельзя более его наружности: все было до крайности дрябло и ветхо, от низенькой меховой шапки до коротенького овчинного полушубка, подпоясанного лыковой тесьмою. Стужа была сильная; несмотря на то, пот обильными ручьями катился по лицу мужика; работа, казалось, приходилась ему по сердцу.

Кругом в лесу царствовала тишина мертвая; на всем лежала печать глубокой, суровой осени: листья с дерев попадали и влажными грудами устилали застывавшую землю; всюду чернелись голые стволы дерев, местами выглядывали из-за них красноватые кусты вербы и жимолости. В стороне яма с стоячею водою покрывалась изумрудною плесенью: по ней уже не скользил водяной паук, не отдавалось кваканья зеленой лягушки; торчали одни лишь мшистые сучья, облепленные слизистою тиной, и гнилой, недавно свалившийся ствол березы, перепутанный поблекшим лопушником и длинными косматыми травами. Вдалеке ни птичьего голоска, ни песни возвращающегося с пашни батрака, ни блеяния

1

пасущегося на пару стада; кроме однообразного стука топора нашего мужичка ничто не возмущало спокойствия печального леса.

Время от времени за лесом подымался пронзительный вой ветра; он рвался с каким-то свирепым отчаянием по замирающим полям, гудел в глубоких колеях проселка, подымал целые тучи листьев и сучьев, носил и крутил их в воздухе вместе с попадавшимися навстречу галками и, взметнувшись наконец яростным, шипящим вихрем, ударял в тощую грудь осинника... И мужик прерывал тогда работу. Он опускал топор и обращался к мальчику, сидевшему на осине:

- Эй, Ванюшка! ишь куда забрался! того и гляди, ветром снесет, ступай наземь!..

- Не замай, дядя Антон, - откликался парнишка, - небось не снесет!

Дядя Антон, успокоенный каждый раз таким увещанием, брал топор, нахлобучивал поглубже на глаза шапку и снова принимался за работу. Так повторялось неоднократно, пока наконец воз не наполнился доверху хворостом. Внимание мужика исключительно обратилось тогда к племяннику; его упорное неповиновение как бы впервые пришло ему в голову, и он не на шутку рассердился.

- Ах ты, баловень! - закричал он, стукая обухом топора в осину, - долго ли говорить тебе? слезай! вот я те, озорника, поартачишься у меня, погоди!..

- А вот же не слезу, коли так, - отвечал мальчуган, взбираясь все выше и выше.

- Не слезешь?.. ладно же, оставайся один в лесу, пусть те едят волки... проклятого!..

Угроза, казалось, подействовала на ребенка; он обхватил ручонками коренастый ствол дерева, приготовляясь спуститься наземь при первой попытке дяди исполнить обещание.

- А бить станешь? - вымолвил он, наклонив из-за ветки кудрявую свою головку и глядя пристально на дядю.

- Ну, ну, слезай, знай слезай...

- Взаправду не станешь?..

- Говорят, не стану, ступай скорей!

Ванюшка спустился сажени на две и опять повис на сучке.

- И на лошадь, дядя Антон, посадишь?

- Ладно, ладно, ступай только.

- Не обманешь?

- Экой пострел, прости господи! говорю, посажу - чего еще?

Последнее обстоятельство окончательно успокоило парнишку; с быстротою и ловкостью белки проскользнул он между верхними сучьями и в одно мгновение ока очутился на земле подле дяди.

Вскоре воз, навьюченный красноватым и сизым хворостом, медленно выезжал из лесу, скрипя и покачиваясь из стороны в сторону, как бы изловчаясь сбросить с себя при первом косогоре лишнюю тяжесть. Ванюшка сидел верхом на пегашке; он был вполне счастлив. Русые его кудряшки, развеваясь по ветру, открывали поминутно круглое, свежее личико, сияющее восторгом. Антон шел подле, запустив одну руку за пазуху, другой упираясь в оглоблю. Проколесивши добрый час по глинистым кочковатым полям, стлавшимся за лесом, путники наши выехали наконец на проселок и немного погодя услышали отдаленный шум мельницы. Воз приближался к троскинской лощине. Незаметная издалека и терявшаяся в волнистых линиях местности, лощина эта принимала вблизи довольно широкие размеры: на дне ее, поросшем конятником и ветельником, заваленном плитняком и громадными угловатыми каменьями, шумела и пенилась река; вместо моста через нее перекидывалась узкая плотина, упиравшаяся одним концом в старую водяную мельницу. С той стороны, откуда приближалась телега, мельница освобождалась совершенно от ветл, ограждавших ее с других трех частей, так что амбары, клети, двор, толчея, навесы виднелись как на ладони. Шлюзы были опущены: все три постава работали без устали; главное здание, обдаваемое с одного бока белою шипящею пеной, тряслось словно в лихорадке; мука, покрывавшая его кровлю, сыпалась в воду и крутилась в воздухе. Гул был страшный. Прежде чем спуститься с уступистой кручи на берег, Антон остановил лошадь и указал племяннику на мельницу.

- Поглядь-кась, Ваня, не видать ли где мельника?

- Аксентия Семеныча? - спросил ребенок.

- Экой дурень! нешто у нас, окроме него, другой какой есть...

- Нет, дядя Антон, нету... а кто-то стоит... вон в белой-то рубахе... вон, вон руками-то размахивает!..

- Ладно, не будь только он; того и смотри, с ярманки вернется, встренется да денег станет просить, беда! ох-хо, хо! Ну, Ванюха, трогай, да смотри, не больно круто спущай!..

Миновав благополучно шаткую плотину, пегашка взнесла воз на противоположный берег, поднялась на косогор и приостановилась; она вздохнула свободнее и замотала хвостом, что делала обыкновенно, когда была довольна. Дорога опять пошла ровная и гладкая. Когда соломенная кровля мельницы с осенявшими ее скворечницею и ветлами скрылась за горою, перед глазами наших мужичков снова открылась необозримая гладь полей, местами окутанная длинными полосами тумана, местами сливающаяся с осенним облачным небом, и снова ни былинки, ни живого голоса, одна мертвая дорога потянулась перед ними. Наконец вправо начал показываться господский дом, ближе, - и вот он весь выглянул словно из земли. Все в нем обозначало не только отсутствие хозяина, но даже давнее запустение; ставни заколочены наглухо: некоторые из них, сорванные ветром, качались на одной петле или валялись подле треснувшего и обвалившегося основания; краска на кровле, смытая кое-где дождем, обнаруживала гниль и червоточину; стекла в покосившейся вышке почти все были выбиты; обветшалая наружность этого здания, или, лучше сказать, этой развалины, облеплялась повсюду неровными рядами ласточьих гнезд; они виднелись в темных углах, вдоль желоба, под карнизами. Казалось, одни ласточки не покидали старого барского дома и оживляли его своим временным присутствием, когда темные купы акаций и лип, окружавшие дом, покрывались густою зеленью; в палисаднике перед балконом алели мак, пион, и сквозь глушившую их траву высовывала длинную верхушку свою стройная мальва, бог весть каким-то странным случаем сохранившаяся посреди всеобщего запустения; но теперь даже и ласточек не было; дом глядел печально и уныло из-за черных безлиственных дерев, поблекших кустарников и травы, прибитой последними ливнями к сырой земле дорожек.

Проходя мимо, Антон не замедлил, однако, снять шапку; так прошел он вдоль старого сада, флигелей, пчельника, пока наконец не поравнялся с помещичьими ригою и овином. Тут он не только надел шапку, но даже остановился: за плотным забором возносилось такое несметное множество скирд убранного хлеба, что невольно разбегались глаза и вчуже забирала зависть. Уже несколько лет сряду стояли они таким образом неприкосновенными, непочатыми, приглашая каждого любоваться ими вдоволь. Поговаривали в околотке, будто огромным этим запасам хлеба суждено было выжидать здесь благоприятной и счастливой минуты всеобщего неурожая в губернии, на что, как утверждали, были у владельца их свои особые соображения, не совсем чуждые корысти; но слухам, известно, верить нельзя: чего не выдумают! Дело в том, что чем далее глядел наш мужик на скирды, тем более потуплял голову, и, наконец, господь знает отчего, совсем загрустил. Раздумье одолело его так сильно, что он стал даже пропускать без внимания груды хвороста, валившиеся у него с воза, тогда как прежде тщательно собирал сторонние веточки, попадавшиеся на окраине дороги.

Между тем деревня все еще не показывалась. Темные тучи, сгустившиеся над нею, окутывали ее сизой непроницаемой тенью; струйки белого дыма, косвенно поднимавшиеся в сизом горизонте, давали, однако, знать о близости избушек. Прежде всего попалась на пути маленькая кузница с дюжим кузнецом Вавилою на пороге, который, приветливо кивнув Антону головою, вымолвил: "Отколе?" и на ответ: "А

4

из осинника", зевнул, перекрестив рот; там глянули высокие "магазеи", за ними крестьянские густые огороды, а там потянулось и самое село Троскино, расположенное по скату лощины. Толпа чумазых ребятишек, игравших в бабки, стояла на улице подле колодца. Они, казалось, нимало не замечали стужи и еще менее заботились о том, что барахтались, словно утки, в грязи по колени; между ними находилось несколько девчонок с грудными младенцами на руках. Семи- или восьмилетние нянюшки дули в кулаки, перескакивали с одной ножки на другую, когда уже чересчур забирал их холод, но все-таки не покидали веселого сборища; некоторые из них, свернувшись комочком под отцовским кожухом, молча и неподвижно глядели на игравших.

Проезжая мимо, Ванюшка, начинавший было корчиться от стужи на своей кляче, вдруг вытянулся, приосанился и крикнул, во сколько хватило силенки: "Эй! пошли прочь!.. раздавлю!.. ишь лошадь едет..." Толпа дала дорогу, окидывая седока завистливыми взглядами. Одна девчонка, рыженькая, курносая, взъерошенная и вдобавок еще хромая, пустилась догонять воз, прыгая и вертясь на одной ножке.

- Дядя Антон, дядя Антон, посади на воз! - кричала она. - Посади, голубчик, на воз... золотой, посади, право-ну, посади!..

- Пошла прочь, - вымолвил Антон, грозя хворостиной, - чего привязалась! Вот я те!..

Девчонка остановилась, дала ему проехать несколько шагов и потом снова поскакала; только теперь, как бы назло, она коверкалась и ломалась несравненно более, кричала звонче, приступала настойчивее, пока наконец, выбившись из сил, поневоле должна была отказаться от своего преследования, но и тут не упустила случая высунуть Антону язык и поднять рубашонку.

Изба Антона стояла у самой околицы и завершала собой правую линию села, выдавшуюся в этом месте несколько вперед. Она бросалась в глаза своею ветхостью: один бок ее, примыкавший к околице, почти сгнил дотла, отчего остальная часть здания покачнулась и села на ту сторону. Кровля от тяжести давившей ее когда-то соломы приняла совершенно другое направление; она сползла наперед и грозила ежеминутным падением. Трубы не было; ее заменял глиняный горшок с выбитым дном для дыму. Деревянный петушок, красовавшийся, вероятно, в лучшие времена на макушке крыши, принял также свое направление во время всеобщего обвала и уныло свесился влево. Единственное оконце, заткнутое лохмотьями и обмазанное кругом глиною, глядело невыразимо кисло. Изба со всех сторон подпиралась сучковатыми плахами, уподоблявшими ее согбенному старику нищему, наступившему на костыли свои; словом, все на ней, как говорится, было и валко, и шатко, и

5

на сторону. Невыразимо тяжело и грустно становилось на сердце, глядя на это жилище; даже Степан Бичуга, сосед, вообще равнодушный ко всему житейскому, за исключением одной разве косушки, и тот не проходил мимо того, чтобы не оглянуть Антонову избенку со всех сторон и не покачать заботливо лысою головою.

Несмотря на то, хозяева лачужки заметно ускоряли шаг, и лица их, по мере приближения к ней, просветлялись приветливой улыбкой. Ванюшка никак даже не мог удержаться, чтобы не крикнуть в порыве восторга несколько раз сряду: "Дядя Антон, домой приехали! Ишь, дядя Антон, ишь, дом-то, вон он!.. вон он какой!.." При въезде на двор навстречу им выбежала девочка лет шести; она хлопала в ладоши, хохотала, бегала вокруг телеги и, не зная, как бы лучше выразить свою радость, ухватилась ручонками за полы Антонова полушубка и повисла на нем; мужик взял ее на руки, указал ей пальцем на воз, лукаво вытащил из средины его красный прутик вербы, подал его ребенку и, погладив его еще раз по голове, снова пустил на свободу. Девочка была в неописанном восторге от роскошного подарка.

- Ну, Ваня, будет! Слезай-ка с лошади да ступай скорее с сестренкой в избу, на печку, - сказал дядя. - Небось оба поесть хотите?

- Дядя Антон, голубчик, золотой ты мой! дай распрячь лошадку, я опосля поем, - кричал мальчишка.

- И то замерз совсем, куды те справиться!

- Ничаво, дядя, голубчик, ничаво, право-слово ничаво... Ты, Аксюшка, ступай в избу, ишь озябла ты... а я приду.

Не все же понукать да драться: дядя покорился; вскоре все трое взошли на крылечко, а оттуда и в избу.

II

Голыш

Хозяйка Антона была не одна: против красного угла избы, почерневшего так, что едва можно было различить в нем икону, сидела гостья, старуха лет пятидесяти. Свет из единственного светлого оконца падал прямо на нее. Сморщенное, желтоватое лицо старухи, осененное космами седых волос, кой-как скомканных под клетчатый платок, ее карие глаза, смотревшие из впадин своих зорко и проницательно, острый тоненький нос, выдавшийся подбородок, лохмотья и клюка - все это напоминало как нельзя лучше сказочную бабу-ягу или, по крайней мере, деревенскую колдунью-знахарку. Но в сущности ничего этого не было: старуха принадлежала просто-напросто к тем жалким побирушкам без семьи, роду и племени, которые таскаются из села в село, из деревни в деревню и кормятся мирским подаянием, или, как выражаются в простонародье, "грызут окна".

- Здорово, Архаровна, - произнес Антон, видимо недовольный присутствием гостьи.

- Здравствуй, кормилец ты мой, - отвечала, вздыхая, старуха и тотчас же наклонила голову и явила во всей своей наружности признаки величайшей немощи и скорби.

- Что те давно не видать в нашей стороне, - заметил мужик с явной иронией, - мы уж думали, ты и вовсе не пожалуешь...

- Асинька?..

- Аль оглохла, старая?

- Не слышу, кормилец...

- Что те давно не видать? - крикнул Антон.

- Пришла по хлебушко, родимый ты мой, - простонала она жалобно, - не дадут ли на старость люди добрые...

- Да, что говорить, - продолжал мужик, пристально на нее глядя, - что говорить, хлебца-то небось и всякому хочется... иной вот и не так чтобы больно нуждается, а глядишь, туда же канючит, словно и взаправду с голоду...

- С голоду, касатик, о-ох! с голоду, - отвечала она, принимая последнее слово как исключительно до нее относящееся. - На старости лет куды те горько, и помереть так негде...

- И-их, бабка, кажись, уж ты много больно берешь бедности на свою душу, - вымолвил с досадою хозяин, - ишь вон сказывают, будто ты даром что ходишь в оборвышах да христарадничаешь, а богаче любого из нашего брата... нагдысь орешкинские ребята говорили, у тебя, вишь, и залежные денежки водятся... правда, что ли?..

Он недоверчиво посмотрел ей в лицо.

- Ась?.. не слышу, родимый, - произнесла недвижно старуха.

- Да полно, так ли? погоди, дай-ка разуться, авось тогда услышишь.

Сказав это, Антон подошел к печке и стал раздеваться. Слова его, казалось, однако, произвели на глухую старушонку не совсем обыкновенное действие; лицо ее как бы внезапно оживилось, глаза, которые держала она постоянно опущенными, быстро поднялись и окинули избу. Хозяин подошел к ней и сел на лавочку; лицо Архаровны выражало по-прежнему скорбь и уныние.

7

- Что ты баял, кормилец?

Антон повторил побирушке слухи, носившиеся о ней на деревне.

- И-и-и! - проговорила она, качая седою головою, - невесть чего не скажут злые люди, на злую речь слово купится...

- А что им, прибыль, что ли, какая?.. ишь ты сколько лет слоняешься по белу свету да окна грызешь! куды девать деньги - вестимо, хоронишь про черный день...

- В чужой руке ломоть велик, касатик, ину пору и хлебушка нетути, не токма что денег, по миру пойдешь, тестом возьмешь... ох-хо-хо!..

- Ладно, толкуй, - отвечал, смягчаясь, Антон, - ну, да что тут, я только так к слову молвил; если и водятся деньжонки, так известно, кому до того дело... Варвара! чего нахохлилась? собери обед, смерть есть хоцца, да, чай, и ребята проголодались.

Это обращалось к хозяйке дома, невзрачной бабенке, молчаливо сидевшей в углу на скамейке поодаль от старухи. Она не принимала до сих пор никакого участия в разговоре и только изредка поглядывала на мужа. Услыша слова его, она повернула к нему изнуренное, бледное лицо свое, вздохнула и сказала:

- Чего я тебе дам, Антонушка... ох, ничего-то у нас нету...

- Кажись, намедни лучку осталось?

- Нет, не осталось - нагдысь ребята весь поели... - И она снова вздохнула.

- Ну, давай хлеба, кваску... да полно тебе день-деньской хохлиться-то... инда тоска берет, на тебя глядя...

Варвара поднялась, сняла с полки чашку, нацедила в кувшинчик квасху, потом вынула из столового ящика остаток ржаного каравая, искалеченную солоницу, нож и молча уставила все это перед мужем. После чего она тотчас же уселась на прежнее свое место, скрестила руки и стала смотреть на него с каким-то притупленным вниманием.

- Эй, ребятишки! - крикнул Антон, - вы и взаправду завалились на печку, - ступайте сюда... а у меня тюря-то славная какая... э! постойте-ка, вот я ее всю съем... слезайте скорее с печки... Ну, а ты, бабка, что ж, - продолжал он голосом, в котором не заметно уже было и тени досады, - аль с хозяйкой надломила хлебушка? - чего отнекиваешься, режь да ешь, коли подкладывают, бери ложку - садись, - человек из еды живет, что съешь, то и поживешь.

- Спасибо, отец родной, и то хозяюшка твоя накормила, дай ей господь бог много лет здравствовать...

В это время Аксюшка подбежала к дяде, всползла к нему на колени и обняла смуглую его шею тоненькими своими ручонками.

- Эка девчонка-то у меня баловливая какая, бабушка, - вымолвил мужик, целуя ребенка. - Эка озорливая девчонка-то, - продолжал он, гладя ее по головке. - Сядь-ка ты сюда, плут-девка, сядь-ка поближе к своему дядьке-то да поешь... ну, а Ванюшка где?..

- А он, дядя Антон, на улицу ушел к ребятам.

- Ишь, пострел какой, прости господи, только и норовит, как бы ему из дому прочь; погоди, Аксюшка, дай ему вернуться, вот мы ему с тобой шею-то накостыляем... Слышь, бабка, озорник-ат мой от дому все отбивается.

- А господь с ним, не замай его, - молвила Архаровна, - пущай его балует, пока невеличек...

- Какой невеличек!.. поглядела бы ты на него: парнишка куды на смысле, такой-то шустрый, резвый, все разумеет, даром от земли не видать; да я ведь посмеялся, я не потачлив, что греха таить, а бить не бью... оба они дороги мне больно, бабка, даром не родные, во как, - продолжал он, лаская Аксюшку, - во! не будь их, так, кажись, и мне, и хозяйке моей скорее бы жизнь опостыла; с ними все как бы маленечко повеселее, право-ну!

- Вестимо, они теперь махочки, смыслу нет, а как подрастут, так тебе же спасибо скажут, родимый, за добро твое...

- Э! бабка, было бы им ладно, а там что останется от моей бедности, то и им достанется...

- Что ж, родимый, - спросила вдруг старуха, - брат небось весточку посылает?..

- Нет, с той самой поры, как в солдаты взяли, ни слуху ни духу; и жена и муж - словно оба сгинули; мы летось еще посылали к ним грамотку да денег полтинничек; последний отдали; ну, думали, авось что и проведаем, никакого ответу: живы ли, здоровы ли - господь их ведает. Прошлый год солдаты у нас стояли, уж мы немало понаведывались; не знаем, говорят, такого, - что станешь делать... Ну, а ты, старуха, кажись, сказывала нам, также не ведаешь ничего про сына-то своего с того времени, как в некруты пошел...

- Нет, родимый, ничего не ведаю, - произнесла жалобно старуха и отвернулась...

Антон и жена его принялись утешать побирушку.

- Да, - начал мужик, - на старости лет, вестимо, одной-то горько: неравно помрешь, и похоронить-то некому.

- Ох, некому, кормилец, родимый ты мой, некому...

- А вот нам, коли молвить правду, не больно тошно, что брата нету: кабы да при теперешнем житье, так с ним не наплакаться стать; что греха таить, пути в нем не было, мужик был плошный, не работящий, хмельным делом почал было напоследях-то заниматься; вестимо, какого уж тут

9

ждать добра, что уж это за человек, коли да у родного брата захребетником жил, - вот разве бабу его - так жаль: славная была баба, смирная, работящая... ну, да видно, во всем бог... на то его есть воля... ох-хо-хо...

Антон прислонил ложку к закраине чашки, уперся спиною в стену и перестал есть; долго сидел он таким образом, пригорюнясь и не произнося ни слова. Только изредка ласкал он Аксюшку, которая, положив русую головку свою на грудь дяди, забавлялась медным крестиком, висевшим у него за пазухой. Мало-помалу добродушное, кроткое лицо мужика нахмурилось; вытянувшиеся черты его уже ясно показывали, что временная веселость и спокойствие исчезли в душе бедняка; в них четко проглядывало какое-то заботливое, тревожное чувство, которого, по-видимому, старался он не обнаруживать перед женою, потому что то и дело поглядывал на нее искоса. Наконец Антон облокотился на стол, взглянул еще раз на жену и сказал старухе голосом, который ясно показывал, что он приготовлялся вымолвить ей совсем другое:

- Вот, бабушка, - так начал мужик, - было времечко, живал ведь и я не хуже других: в амбаре-то, бывало, всего настророжено вволюшку; хлеб-то, бабушка, родился сам-шост да сам-сём, три коровы стояли в клети, две лошади, - продавал, почитай что каждую зиму, мало что на шестьдесят рублев одной ржицы да гороху рублев на десять, а теперь до того дошел, что радешенек, радешенек, коли сухого хлебушка поснедаешь... тем только и пробавляешься, когда вот покойник какой на селе, так позовут псалтырь почитать над ним... всё гривенку-другую дадут люди...

Он оглянулся на Варвару; та сидела, закрыв лицо руками и несколько отвернувшись от него; заметив, что слезы струились между ее пальцами, Антон замялся.

- Да, - подхватил он громче прежнего, - да, бабушка, так во како дело-то - во оно дело-то какое... а ты все на свою долю плачешься, того, мол, нет, да того не хватает... а вот мы и тут с хозяйкой не унываем (он посмотрел на Варвару), не гневим господа бога... грешно! знать, уж на то такая его воля; супротив ее не станешь...

- О-о-ох, вестимо, кормилец ты мой, бог дал, бог и взял...

- Да, не знаешь, где найдешь, где потеряешь, - сказал мужик, стараясь принять веселый вид, - день дню розь; пивал пьяно да ел сладко, а теперь возьмешь вот так-то хлебушка, подольешь квасу - ничаво, думаешь, посоля схлебается! по ком беда не ходила!.. Эх! Варвара, полно тебе, право; ну что ты себя понапрасну убиваешь; говорю, полно, горю не пособишь, право-ну не пособишь...

- Вестимо, касатка, - отозвалась старуха, - веку только убавишь себе... ох, что ваша бедность! у вас хошь вот поплакать-то есть где... а вот у меня, горькой сироты, так и поплакать-то негде...

10

- Ну, в том не больно велика утеха; что вой, что не вой, все одно - живи, коли можется, помирай, коли хочется... Э! старушка, горько жить на белом свете нашему брату!..

- О-о-ох, горько, родимый, так-то горько, что и сказать мудрено...

Варвара быстро приподнялась и вышла из избы.

- Вот, - сказал Антон, посмотрев на дверь, - она-то, бабушка, крушит меня добре слезами-те своими; вишь, баба плошная, квелая... долго ли до греха!.. теперь, без нее, скажу тебе по душе... по душе скажу... куды!.. пропали мы с нею и с ребятенками, совсем пропали!.. вот ведь и хлебушко, что ешь, и тот - сказать горько - у Стегнея соседа вымолил! спасибо еще, что помог... ох... а такое ли было житье-то мое...

- Сказывают, - заметила Архаровна, по-видимому не принимавшая до сих пор никакого почти участия в том, что говорил Антон, - сказывают, Стегней-то богат добре!..

- Богат-то он богат... да ведь иной и богатый хуже нашего брата голыша...

- Мне, кормилец, Савельевна говорила, что у него три лошади... да и медку, вишь, сказывают, продавал по осень... и денег-то, чай, много...

- Ну, господь с ним, - отвечал откровенно Антон, - я тебе про свое горе говорю... эх, доля моя, доля!.. вот, почитай, пятый год так бьюсь, и что ни день, то плоше да плоше...

- Все небось управляющий, касатик, не жалует?

- Не жалует?.. ох! это бы еще ништо; кого он жалует? а живут же люди... нет, он злодей мне напался, весь мой век заедает! с бела света долой гонит! - а что наше дело, вестимо какое, терпишь да терпишь; мы ведь на то и родились, бабушка!.. да!.. Вот хоть теперь - пришло время подушные платить, где я их возьму? отколе? он же разорил меня да пустил по миру, а стращает теперь: в солдаты, говорит, да на поселенье сошлю, не погляжу, говорит, что у те жена есть, вон он что толкует... Ох, бабка, бабка, кабы был один я, ну бы еще ништо, одна голова не бедна, а то с ними-то что станется?.. Да... прогневил, знать, я чем господа бога!..

Вошла Варвара, - муж замолчал. Почти в то же время в воротах послышался стук. Антон подошел к светлому оконцу, выходившему на двор, и крикнул:

- Кто там?

Отклика не было.

- Кто там? - повторил мужик, подняв окно.

- Это я, дядя Антон, - отозвался тоненький серебристый голосок в сенях, и в избу вбежала девочка лет двенадцати.

На бледном, чрезвычайно продолговатом личике этого ребенка и вообще во всей его наружности было что-то такое, что невольно обращало на себя внимание; этот тоненький нос с легким, едва приметным погибом на середине, узенькие губы, приятно загнутые по углам, чистый, правильный очерк головы, нежные черты прозрачного личика и тоненькие тщедушные члены отличали его сразу от известного уже типа коренастых, грубо обточенных детей крестьянских. Особенно поражали в ней эти черные выразительные глаза, которым необыкновенная бледность и худоба щек придавали еще более блеску и величины. Черные волосы смоляного отлива, небрежно обстриженные когда-то в кружок, рассыпались неровными прядями вокруг ее нежной, утиной шейки. Одежда ее отличалась также от крестьянской. Она состояла из неуклюжего платья синей домотканой полосушки, прорванного на локтях, с заплатками из белой холстины, - платья, которое снизу едва прикрывало босые ноги девочки до колен; вверху от шеи до перехвата оно ниспадало угловатыми, широкими складками, обтягивало и обтирало ей грудь и плечи. Девочка остановилась посреди избы, раскрыв губы и прижимая грудь ручонками: она едва переводила дух от усталости. Между тем хозяин и хозяйка подошли к ней.

- Что ты, Фатимушка? - спросил первый с заметным смущением, - а? не хочешь ли тюрьки, на поди...

- Нет, дядя Антон, нет, Никита Федорыч прислал, - отвечал скороговоркою ребенок, приправляя каждое слово быстрыми, живыми движениями рук, - приказал кликнуть тебя - ступай скорей - сам наказывал...

И она откинула назад голову, чтобы поправить волосы, которые заслонили ей лицо.

Варвара присела на скамейку и зарыдала на всю избу. У Антона захолонуло в сердце.

- Ну! - вскричал он, отчаянно ударяя себя кулаками об полы, - пришла беда, отворяй ворота! верно, опять за подушными! Полно тебе, Варвара, душу мне только мутишь слезами-те... Эко дело... эко дело... как тут быть!..

Смущение бедного мужика было так велико, что он несколько времени ходил как угорелый по избе, заглядывал без всякой нужды во все углы, поправлял то крышку кадки, то солоницу, то кочергу и наконец вышел из дому, позабыв даже накинуть на плечи полушубок. Вой Варвары сопровождал его до самой улицы. Вступив на барский двор, где находился старый флигель, помещавший контору и квартиру управляющего, Антон увидел Никиту Федорыча, который уже ожидал его на пороге. Приближаясь к крыльцу, мужик почувствовал, что колени его тряслись и дыхание спиралось у него в горле: озноб прошибал его до костей. Опустив голову, подошел он медленным, робким шагом к управляющему. Это был человек средних лет, то есть от сорока до пятидесяти, средней полноты и среднего роста; шарообразная голова его, покрытая белокурыми волосами с проседью, обстриженными ниже, чем под гребенку, прикреплялась почти непосредственно к плечам, что делало Никиту Федорыча издалека весьма похожим на бульдога. К этому сходству немало также способствовали густые черные брови, серые глаза навыкате, широкие калмыцкие скулы, пышный трехъярусный подбородок и коротенькие ноги наподобие обруча, или, как говорится, "кибитки". Несмотря на все эти мелочные недостатки, которые между прочим не представляли в общем ничего особенно отвратительного, фигура управляющего нимало не теряла важности и той спокойной гордости, сияющей всегда в чертах человека, сознающего в себе чувство собственного достоинства. Фигура его имела, напротив того, какую-то приятную соразмерность, стройность даже, и была чрезвычайно характерна. Но если всмотреться хорошенько, нельзя было не прочесть в этих серых бойких глазах, в этой толстой круглой голове, важно закинутой назад, в этих толстых раздувшихся губах что-то столь наглое, дерзкое и подлое, что невольно напоминало любимца-камердинера, или дворецкого, или вообще члена многочисленной семьи мерзавцев богатой избалованной дворни или аристократической передней. В настоящую минуту на нем был серый нанковый однобортный архалук, подбитый мерлушками и застегнутый доверху, пестрая шерстяная ермолка и синие, непомерно широкие шаровары. Из верхней петли архалука висела толстая золотая цепочка с ключиком для часов. Он стоял в дверях, растопырив ноги, запустив одну руку в карман шаровар, другою поддерживал длинный чубук, из которого, казалось, высасывал вместе с дымом все более и более чувство собственного достоинства.

- Что ж ты, шутить, что ли, думаешь? - сказал он Антону. - Все внесли подушные, ты один ухом не ведешь, каналья! а? говорил я тебе, а? сказывай, говорил или не говорил - худо будет?..

И управляющий закинул еще выше голову.

- Сказывали, Никита Федорыч...

- Ну!

- Докладывал вашей милости, - отвечал мужик, потупляя голову, - как будет угодно... у меня подушных нет... взять неоткуда... извольте делать со мною что угодно: на то есть власть ваша... напишите барину, пущай наказать прикажет, а мне взять, как перед богом, неоткудова...

- Ах ты плут, бестия этакая... из-за тебя стану я беспокоить барина... вас только секи, да подушных не бери... ну, да что тут толковать... не миру платить за тебя... знаю я вас, мошенников... Лошадь жива?..

Антон обомлел; дрожь пробежала по всем его членам; он быстро взглянул на Никиту Федорыча и произнес дрожащим голосом:

- Никита Федорыч! никак уж ты и совсем погубить меня хочешь?..

- Что?

- Никита Федорыч! батюшка! - продолжал мужик, - пожалей хоть ребятенок-то махоньких... и то, почитай, пустил ты нас по миру...

- А вот потолкуй-ка еще у меня, потолкуй, - перебил управляющий, делая движение вперед, - я тебя погублю! завтра же веди лошадь в город на ярманку, теперь пора зимняя, лошади не надо, - произнес он лукаво, - да смотри, не будет у меня через два дня подушных в конторе, так я не погляжу, что ты женат, - лоб забрею; я и так миловал тебя, мерзавца!..

- Никита Федорыч, а Никита Федорыч, - сказал Антон, едва удерживаясь от слез, - батюшка!..

И он повалился в ноги.

- Э! меня этим не разжалобишь, пошел! чтоб было, как приказываю, вот и все! Ступай! - прибавил он, топнув ногой.

- Что ж у меня-то останется, - говорил отчаянно мужик, - как последнюю-то лошаденку продам?.. и так по миру, почитай...

- Ну, ну, ну... разговаривай, разговаривай... кабы не ярманка, так я бы не так еще с тобой разделался...

В это время дверь из квартиры управляющего растворилась; из нее выглянуло вполовину желтое женское лицо, перевязанное белою косынкой.

- Никита Федорыч, а Никита Федорыч! - крикнула женщина пискливо, - ступай чай пить; что тебя не дождешься, ступай скорее...

Управляющий повернулся в ту сторону и, не дожидаясь дальнейших возражений мужика, поспешил к самовару.

Домогаться милости Никиты Федорыча было делом совершенно лишним; по крайней мере, в этом нимало не сомневались троскинские крестьяне; Антон знал это еще лучше других. Медленно покинул он двор и вышел на улицу. Сумерки, или "сутисочки", как называют их в деревне, начинали уже ложиться на землю; бледные дымчатые полосы тумана там и сям окутывали поля и распускались по окрестности; в воздухе заметно похолодело. Антон, сам не зная почему, не пошел по улице, а, обогнув ближние за флигелем избы и крестьянские огороды, поплелся задами.

Приближаясь к крайним амбарам села, то есть тем, которые стояли уже подле околицы, Антон увидел совершенно неожиданно в нескольких шагах от себя клетчатый платок, висевший на кусте репейника. Это обстоятельство и, вдобавок, измятые и сломанные стволы растений, показывавшие, что на том самом месте кто-то своротил с дороги в рощу, чрезвычайно удивило его. Он невольно забыл на минуту свое горе; поосмотревшись кругом, пошел он к кустам, снял платок и начал пристально рассматривать. Не доискавшись, разумеется, ничего, Антон бережно свернул его, сунул за пазуху и пошел далее. Но не успел он сделать двух шагов, как увидел бегущих навстречу соседей, Степана Бичугу и старшего сына его Пантелея. Оба казались сильно встревоженными; они бежали сломя голову по дороге, без шапки, без полушубка и сильно размахивая в воздухе руками. Поравнявшись с Антоном, они остановились.

- Сват! - сказал ему торопливо Степан, - не встрел ли кого на дороге?.. а?..

- Нет... сват... никого... - отвечал Антон.

- Эко дело... и никого не видал?

- Никого...

- Эко дело! что за черт! - вскричал Степан, - бабы, вишь, лен мяли... слышат, как словно кто шевелится в клети... они глядь... ан человек сидит... да как пырснет вон... э! ты дьявол! что за притча... они кричат... хвать... ан трех кур как не бывало!.. они к нам... мы с Петрухой бегом... нагонять! бегали, бегали, никого... что за леший... Ты, сват, никого не встрел?..

- Никого, - отвечал удивленный Антон, - хоть бы живого человека встрел... а вот кусты... больно вымяты...

Мужички покинули соседа и снова пустились в погоню по дороге...

Такое обстоятельство не могло не привлечь внимания Антона; в Троскине, и особенно с некоторых пор, только и слуху было, что о разных проказах: то уводили лошадей, то подползали в клети и каморы, выбирали деньжонки, холсты и всякое домашнее снадобье. Поговаривали даже, будто в соседнем селе Орешкове мужик Дормидон, идучи по лесу, наткнулся на двух бродяг, которые наказывали ему передать их старосте, чтоб берег лошадей, не то уведут, и что, несмотря на все принятые предосторожности, лошадей все-таки увели в первую ночную сторожку. Все это разом прихлынуло в голову Антона; он невольно забыл на мгновение свое горе. Сумерки уже совсем омрачили небо, когда он вступил к себе в избу. Тут все уже давным-давно успокоилось. Варвара, свесив голову на стол и обняв обеими руками остаток каравая, спала крепко-накрепко; свет от догоравшей лучины отражался лишь в углу на иконе; остальная часть избы исчезла в темноте; где-где блистала кочерга или другая домашняя утварь; с печки слышалось едва внятное легкое храпенье обоих ребятишек. Антон поправил лучину, оглянул кругом стены и сел подле жены на лавочку. Движение это мгновенно пробудило Варвару.

- Ну что, Антонушка? - сказала она, отводя от лица волосы и придвигаясь проворно к мужу, - зачем звал тебя злодей-то наш?.. да что ж ты не баешь? - прибавила она, нетерпеливо дергая его за полу.

15

- Что тут баять, - отрывисто отвечал муж; он тяжело вздохнул и, как бы собравшись с духом, промолвил: - Велел пегашку вести... на ярманку!.. не надоть ее, говорит... теперь дело зимнее: проживешь без лошади... Ну, вот, сказал тебе сдуру, а ты... эх, Варюха, Варюха! полно тебе рюмиться-то, ведь говорю, слезами-те пуще мутишь мне душу! Эка ты, право, неразумная баба какая?.. нешто горю этим пособишь?.. знать, погрешил я, право, чем перед господом богом!..

- Касатик ты мой! - говорила, рыдая, баба, - нешто я о своем горе убиваюсь... ох, рожоной ты мой... мне на тебя смотреть-то горько... ишь заел он тебя... злодей, совсем... как погляжу я на тебя... индо сердечушко изнывает... и не тот ты стал... ох... - И тут она, опустившись на лавку, затянула нараспев: - Ох, горькая наша долюшка... и пошла-то я за тебя горькой сиротинушкой, на беду-то, на кручину лютую...

- Послушай, Варюха, а Варюха... слушай, что я тебе скажу, - твердил мужик, силясь приподнять ее, - не убивайся так-то, наше дело еще не пропащее, вот ономнясь встретился мне Федотов из Выселок, сказывал... сулил, что коли, мол, хошь, Антон, я тебя возьму в работники... пять десятков в год, вишь, дает... не убивайся, пойду в работники, отпрошусь на оброк...

- Ох, не верти меня, родимый; я все проведала: у Федотова давнешенько батрак нанялся... ох, горькая, горькая наша-то долюшка...

И баба снова повалилась на лавку, залилась пуще прежнего слезами.

- Эх я, дурень! - вскричал мужик. - Эй, Варюха, я, бишь, и забыл, вот поглядь-кось, поглядь - ишь какую штуку поднял я на дороге... погляди... - Сказав это, он выложил на стол платок, стараясь утешить бабу. - Иду по задам, гляжу, никого нет, а он вот висит на кусте, как словно зацепился...

- Родной ты мой, да ведь это, знать, старуха обронила...

- Какая старуха?

- Да вот нищенка-то, что к нам заходила...

- Ой ли?.. Полно, так ли, Варвара?.. Не обмолвилась ли ты спросонья?

- Что ты, касатик! Я сама видела, как она, сердешная, платок-от повязывала.

- Тут, Варюха, мотри, что-то непутное, - вымолвил Антон раздумчиво, - старуха-то... Э! То-то люди сказывают, будто и вчастую заставали ее за такими делами. И как это она скоро улизнула... Нет, не пущай ты ее к нам, долго ли до греха!.. Гость и немного гостит, да много видит; ишь, я было сдуру-то разговорился с нею, а кто ее знает, может, и взаправду зло какое замышляет... в чужой разум не влезешь... Я давно заприметил, она только и норовит, как бы выведать, что у нас в деревне делается... У кого, вишь, сколько скота, лошадок, как живет... Вот и нынче про Стегнея Борисова тоже выведывала, до всего ей дело! Э, нет, не пущай ее к нам в избу, ни за что не пущай, господи упаси!..

- Ее платок, точно ее, - заметила Варвара, утирая слезы, - вот и прореха на самой серединке.

- То-то, - отвечал мужик, заботливо качая головою, - ишь на старости лет какой грех принимает на свою душу, и бесстыжая ведь какая! Так вот и лезет, а поглядишь, словно и взаправду нищенка... Недаром говорят; у ней деньга-то водится, да... о-ох!..

Антон помолился перед иконою, разулся и, вздохнув несколько раз сряду, полез к ребятишкам на печку. Варвара затушила лучину и последовала за мужем. Вскоре все затихло в избе. Неизвестно, однако, скоро ли заснул бедный ее хозяин; быть может, он даже вовсе не смыкал глаз...

Верно только то, что не спал сверчок; унылая песня его потянулась мерно и тихо, потом стала чаще, звончее, наконец мало-помалу заглушила храпенье ребятишек и наполнила собою избушку.

III

Дорога

В избушке царствовал еще глубокий, непроницаемый мрак, когда Антон приподнял потихоньку голову и начал прислушиваться... Убедившись, что жена и ребята крепко-накрепко спали, он осторожно, чуть дыша, спустился с печи и стал приготовляться в дорогу. Отыскать ощупью полушубок и шапку, намотать наскоро в потемках онучи, отрезать краюху хлеба, завернуть ее в тряпицу и засунуть за пазуху - мужику дело привычное. Он перекрестился наобум перед углом, где стояла икона, и выбрался на крыльцо. Заря еще не занималась; на дворе только что проглядывали первые повиднушки. Антон припер как можно плотнее дверь из крылечка в избу.

- Ну, теперь спите вволю, - вымолвил он, - господь с вами, спите... Слезами-те только душу мутите, а мне и без них куда тошно...

Он вошел в клеть, где стояла пегашка. Почуяв хозяина, она тотчас же повернула к нему кудластую свою голову, насторожила уши и замотала хвостом.

- Ну, пегашка, полно, полно те хвостом-то вилять, - произнес мужичок не совсем твердым голосом, - небось из дому-то не хочешь? Ступай-ка, ступай, не кобенься; супротив воли и люди идут, не токмо что ты... Ступай; знать, и тебе пришла пора делить хозяйское горе...

Антон взнуздал ее и вывел на двор. Бедная кляча словно предугадывала свою участь: всегда смирная и покорная, она в этот раз фыркала, упорно мотала головою и беспрестанно озиралась на стороны, как бы прощаясь навсегда с двором и клетью, посреди которых взросла и вскормилась. Антон также глядел на дряблую избушку свою; бог весть о чем он думал: чужая голова - темный лес. Наконец махнул он рукой, взял лошадь под уздцы и вышел на улицу. Он сел на лошадь. Но пегашка никак не хотела идти к околице, куда направлял ее Антон; несмотря на все усилия его, она пустилась сначала вскачь к колодцу, потом дала круг по всей улице и все-таки остановилась у избушки. Видя, что сила не берет, хозяин принужден был слезть наземь, снова взять ее под уздцы и вывести за околицу. Ворота заскрипели и затворились. Темнота уже заметно рассеялась; но не ясный, ведреный день обещало утро; там, с востока, не багрянилось небо, не ложились алые, золотистые полосы света, предвестницы теплого солнышка; небо было серо, пасмурно; сизые тучи облегали его отовсюду, суля ненастье и сиверку.

Дорога от околицы шла в гору; по мере того как Антон подымался, местность, окружавшая деревню, постепенно ограждалась возвышенностями и принимала вид лощины. Там, словно из земли, выступали поминутно - то крестьянский овин с пригнувшеюся к нему рябиною, то новый дощатый забор, то часть барского сада, о существовании которых нельзя было и подозревать с улицы. Мало-помалу показалась речка с угловатыми своими загибами, потом ветлы и кровля мельницы, еще выше - потянулись поля с знакомым осинником, потом снова все это попряталось одно за другим; вот уже исчезли мельница, господский дом, село, а вот и избушка Антона начала уходить за горою... Хозяин ее еще раз обернулся в ту сторону, прищурился, протер глаза и вдруг хлестнул пегашку и пустился рысцою по дороге. Миновав троскинские земли, Антон притянул поводья и поехал шагом. Гора уже давным-давно закрыла собою дорогу села; во все стороны на необозримый кругозор открывались черные поля, смоченные дождями; редко-редко мелькала вдалеке полоса соснового леса или деревушка; дорога то и дело перемежалась проселками.

Антон давно уже не езжал в город. Никита Федорыч не любил отпускать часто мужиков из деревни; особенно строго держался он этого правила с теми из них, с которыми находился в неприязненных отношениях. По его мнению, не отпустить мужика в город считалось хорошею и вместе с тем очень действительной мерой наказания. Так,

18

например, накоплялось ли гороху у мужичка - где бы свезти его на базар, благо цена красна, ан нет: как ни бьется сердечный, Никита Федорыч ни за что не отпустит; подумает крестьянин: плетью обуха не перешибешь, да и продаст горох соседу за сущий бесценок - не лежать же стать житу да гнить в закроме. Другому господь бог залишнюю телушку послал; вот и бредет он к управляющему: "Деньги, мол, понадобились, батюшка, соблаговолите отпустить в город кой-что продать; надо, вишь, обзавестись тем да другим по хозяйству". - "Ах ты, такой-сякой, - молвит ему управляющий, - небось, как соты-то ломал прошлую осень, так не принес мне медку? Сиди-ка дома; все бы вам только шляться..." "Что, - думает проситель, - господ наших нетути, а он у нас сила, не стать перечить", - зарежет телку, да и поснедает ее с божьей помощью. Так же точно было и с Антоном, если еще не хуже.

Но теперь дело в том, что на шестнадцатой или семнадцатой версте наш мужик решительно стал в тупик; очнувшись внезапно от раздумья, которое овладело им с того самого времени, как покинул он Троскино, Антон никак не мог припомнить ни места, где находился, ни даже сколько верст оставалось приблизительно до города. Он только и помнил, что проехал Киясавку и Выселки да свернул влево от Екиматовской слободы. На пегашку же положиться не было никакой возможности; Антон знал, что, будучи лошадью незаметною, то есть лишенною способности припоминать дорогу, она могла очень легко завезти его бог весть куда. Он задумывал было свернуть в сторону, к видневшейся влево за перелеском деревушке, когда один совершенно неожиданный случай навел его снова на путь истинный. Оглядывая местность, он увидел на распутье полуразвалившийся деревянный крест, водруженный в небольшой бугорок.

- Эхва, у меня из памяти-то вышла могилка дяди Андрея! - воскликнул он, снимая шляпу и крестясь набожно. - Дорога-то вот тут же и сворачивает в город... на Закуряево... Эх, совсем запамятовал, чуть было с пути не сбился!

Дорогою Антон невольно принялся припоминать происшествие, связывавшееся с дядею Андреем.

Года три тому назад на этом самом распутье стояла мазанка, принадлежавшая монастырскому сборщику, одинокому старичку. Редкий из окрестных жителей не знавал его; бывало, кто бы ни плелся, кто бы ни ехал в город, мужик ли, баба ли, седой старичишка тут как тут, стоит на пороге да потряхивает своей книжонкой, к которой привязан колокольчик. И редкий говорил ему: "бог подаст!", редкий не отдавал ему копеечку на построение господнего храма. Все попривыкли к нему с самого детства. И вдруг не стало дяди Андрея, как словно никогда его здесь и не бывало. Толковали, толковали мужички окрестные и наконец вот что узнали. Однажды в самую глухую зимнюю полночь входят к Андрею два незнакомые человека, скручивают его по рукам и по ногам и требуют денег. Долго допытывались они, - стоит на одном старик: три гроша всего, вишь, у него, остальные вечор в монастырь отослал, а больше, видит бог, нетути! Они пуще пытать. Уж он им молился, молился, нет! уходили-таки старика обухом и сами принялись искать. Как перешарили все до ниточки, тут только и спохватились, что даром потеряли человека: в тряпице за печью всего-навсе было три гроша. Наехали со всех сторон земские да понятые, закопали дядю Андрея на самом распутье, мазанку снесли на другую дорогу, ибо никто не соглашался поселиться в ней, а на ее месте воздвигли крестик, тот самый, что так часто напоминал мужичкам дорогу в город.

Антон не успел еще перебрать в голове все подробности этого происшествия, наделавшего в свое время много шуму в околотке, как увидел вдалеке телегу, которая медленно приближалась к нему навстречу. Сначала показалось ему, будто в ней никого не было, но потом, когда она поравнялась, он разглядел на дне ее мужика, лежавшего врастяжку. Антон несказанно обрадовался.

- Эй! послушай, брат, - крикнул он, - а, примерно, далеко ли отсель до столбовой дороги?

Тот, к кому обращался вопрос, лениво и как бы нехотя приподнял голову, подперся локтем, поглядел пристально на Антона, зевнул протяжно и, не отвечая ни слова, улегся в телегу.

- Эй, сват, эй! - крикнул Антон, - что ж ты? эй, далече ли до столбовой?..

Мужик снова приподнял голову, поглядел на Антона, опять зевнул и, опять не ответив ни слова, опустился на дно своей телеги; только на этот раз он хлестнул лошадь, которая мигом унесла его из виду.

Антон опять остался один-одинешенек посреди полей: пегашка плетется дробным шажком, а он то и дело посматривает вправо да влево, то прищурится, то раскроет глаза, принимая каждый пень, каждую кочку за живого человека. И вот снова чудится ему, что кто-то едет навстречу. Глядит, и впрямь несется тележка; вороная лошадь в наборной шлее с медными бляхами, на облучке подскакивает не то мещанин, не то помещик, а только не мужик: на нем картуз и синий кафтан. На этот раз, однако, встреча, казалось, не порадовала нашего мужичка; он круто осадил пегашку, смутился, сделал даже движение, ясно выражавшее намерение кинуться в сторону, но тотчас же остановился; было поздно; Антон узнал в синем кафтане троскинского мельника, которого так усердно избегал несколько месяцев сряду. Мельник остановился; Антон слез с лошади.

- Здравствуй, Аксентий Семеныч! - произнес он, переминая в руках шапку.

- Здорово, брат, куда?

- В город, Аксентий Семеныч, лошадь продавать... подушных платить нечем; такая-то беда сталась со мною...

- Ну, а мне-то когда заплатишь? я, кажись, и то немало ждал...

Антон замялся.

- То-то, брат, - продолжал мельник, переменив тон, - ведь так промеж добрых людей делать не приходится; летом еще осталось получить с тебя за помол, а ты с той поры и глаз не кажешь: сулил отдать ко второму спасу, а я хоть бы грош от тебя видел... так делать не показано вашему брату... на то есть правота: как раз пойду в контору... я давно заприметил, ты от меня отлыниваешь...

- А что мне от тебя отлынивать... нешто я коли отлынивал...

- Видно, так.

- Ину пору и рад бы отдал, да коли нечем; сам ведаешь, отколе скоро-то взять нашему брату хрестьянину... был нынче недород, с корки на корку почитай что весь год перемогались... Аксентий Семеныч... тут вот подушные еще платить надо...

- Про то не мое дело ведать... вам подушные платить, а мне небось по миру идтить... делай, как быть следно, знай честь, счетом взял, счетом и отдавай; что тут баить...

- Что ты опасаешься?.. - сказал Антон, смягчая по возможности голос. - Разве я отнекиваюсь от долга, говорю, отдам, обожди маненько, твое дело не пропащее, право, скажу спасибо...

- На какой мне леший твое спасибо? из него шубы-то не сошьешь...

- Кажись, Аксентий Семеныч, мне не впервые с тобою ведаться.

- Точно не впервые, что говорить; зачем же молоть-то на чужой мельнице? ась?

- На Емельяновке-то?

- А хоть бы и на Емельяновке...

- Сходнее, Аксентий Семеныч...

- Как сходнее?.. за восемнадцать-то верст сходнее?..

- Оно, что баить, далече, да на Емельяновке-то за помол берут с нас хлебом, а ты, вишь, требуешь деньгами... да еще пятак с воза набавил... сам порассуди, откуда их взять... наше дело знамо какое...

- Ладно, ладно... ну, а зачем же подзадоривал Федосея да Ивана Галку ездить на Емельяновку?..

- Да когда я их подзадоривал?.. что ты?..

- А то кто же? Ты первый из троскинских поехал...

- Знать, сами проведали...

- Сами проведали! То-то, шишковато больно говоришь; ты говори, да не ври, не вечор я родился, - что, думаешь, не знаю!

- Чтоб мне век от добрых людей добра не видать, Аксентий Семеныч, коли я им хошь слово какое сказал...

- Ладно, брат, толкуй дьяковой кобыле; я думал по чести вести с тобой дело, а ты вот на что пустился! других еще стал подзадоривать... Ладно же, - вскричал мельник, мгновенно разгорячаясь, - коли так, отколе хошь возьми, а деньги мои подай! подай мои деньги!.. не то прямо пойду в контору... Никита Федорыч не свой брат... как раз шкуру-то вылущит! погоди, я ж те покажу!

Сказав это, мельник дернул вожжи и поехал далее. Смущение и досада, овладевшие Антоном при этой встрече, уступили место тяжкому горю. Обстоятельство это показывало ему в самых резких и сокрушительных чертах и без того уже горькую его долю. Он уже не глазел теперь по сторонам; понурив голову, смотрел он печально на бежавшую под его ногами дорогу, и не раз тяжкий вздох вырывался из груди бедного мужика. Таким-то образом, сам почти не замечая этого, выехал он на большую дорогу. Тут Антон невольно должен был оставить свои думы и заботиться исключительно о настоящем своем положении.

Дорога, размытая осенними ливнями, обратилась в сплошную топь; стада волов, которых прогоняют обыкновенно без разбора, где ни попало, замесили ее и делали решительно непроходимою; стоило только зазеваться раз, чтобы окончательно посадить и лошадь и воз или самому завязнуть. Сколько ни оглядывался Антон, не замечал ни верст, ни вала, ни веток, которые обозначили бы границу: просто-попросту тянулось необозримое поле посреди других полей и болот; вся разница состояла только в том, что тут по всем направлениям виднелись глубокие ямы, котловины, "черторои", свидетельствовавшие беспрестанно, что здесь засел воз или лошадь; это были единственные признаки столбовой дороги. Местами, впрочем, заметны были следы чьего-то заботливого попечения: целые груды хвороста и мелкого леса воздвигались, как бы предохраняя путника от трясины или топи; но путники, в числе их, разумеется, и Антон, старались по возможности объезжать их; даже кляча последнего с необыкновенною тщательностью обходила эти поправки, догадываясь, вероятно, глупым своим инстинктом, что тут-то легче всего сломить ногу или шею.

Спустя немного времени Антон встретил длинную вереницу баб в белых платках и таких же балахонах, делавших их владелиц издали похожими на привидения. Они тянулись одна за одной гуськом по дороге. У каждой была клюка и берестовая котомка с прицепленною к ней парою лаптей за плечами. Все от первой до последней шли босиком.

- А что, бабушка, вы небось из города? - спросил Антон у старушки, сгорбленной и едва передвигавшей от стужи ноги.

- Из города, касатик.

- Что, много небось на ярманке нашего брата с лошадьми?..

- А не знаю, кормилец, - отвечала она, кланяясь, - кто их знает: мы не здешние...

- Да вы отколе?

- Сдалече, родимый: мы каширские... идем в Воронеж на богомолье...

- По своей охоте... идете? - спросил рассеянно мужик.

- По своей.

Антон вздохнул и почесал затылок.

- Э! - произнес он, махнув рукою.

- О чем спрашиваешь, касатик? - сказала другая богомолка, помоложе первой.

- Далече ли до города? - вымолвил он отрывисто.

- А сколько? - продолжала она, обращаясь к третьей. - Тетка Арина, сколько до города? верст десяток станет?..

- Что ты, - отвечала нерешительно Арина, - много, много, коли пяток...

Не дожидаясь спора, который, без сомнения, должен был возникнуть вследствие этого недоразумения между бабами, Антон поехал далее; отъехав версты две, он услышал песню и немного погодя различил двух человек, которые шли по закраине дороги и, как казалось, направлялись к стороне города. Вскоре он нагнал их. Это были два молодые парня веселой и беспечной наружности. Один из них, тот, который казался постарее, был с черною как смоль бородою, такими же глазами и волосами; белокурая бородка другого только что начинала пробиваться.

Мещанский картуз с козырьком, обвитый внизу у залома лентой, из-под которой торчали корешки павлиньих перьев, украшал голову каждого из них, спустившись с макушки набекрень; белые как мел полушубки с иголочки составляли их одежду, отличавшуюся вообще каким-то особенным щегольством. Смазные сапоги с алою сафьянною оторочкою болтались у них за плечами; коротенькая трубочка, оправленная медью, дымилась в губах того и другого. Не успел поравняться с ними Антон, как уже оба они остановились, и черный крикнул ему, оскалив свои белые как кипень зубы:

- Здорово, брат крестьянин! эй! не берешь ли попутчиков? Посади нас на лошадь, мы бы с тебя дешево взяли...

23

- Нет, братцы, спасибо... и одного-то насилу везет... - нехотя отшутился Антон.

- А мы, ей-богу, дешево бы с тебя взяли. Севка! сколько даешь?

Севка вынул изо рта чубучок, отплюнул сажени на три и залился звонким хохотом.

- А что, братцы, много ли еще осталось до города?

- Да вот как, - отвечал без запинки черный, - пойдешь - близко, думаешь, а придешь - скажешь, дорога дальняя!..

- Полно вам чудить, ребята, - произнес мужик, - э! - он махнул рукой, - ишь лошадь совсем умаялась...

- Что с тобой станешь делать... изволь, скажу... мотри только... чур не обгоняй, спроси у Севки, он те скажет...

- Как раз пять верст, - сказал Севка.

- Что ты! эк махнул! - вскричал черный, - пять!.. и в десять не вопрешь! что больно близко?..

- Ан пять!

- Ан десять!

- Ан пять!

- Ан десять!

- Врешь! эк ты, Матюшка, спорить горазд; сейчас за горою будет село Бубрино, а от него всего четыре версты до заставы...

- Эка шалава, пра шалава, - отвечал ему на это Матюшка потихоньку, - нешто не видишь, я хотел было мужика повертеть... пра шалава...

Севка снова залился смехом.

- Отколе тебя бог несет, Христов человек? - начал Матюшка.

- Мы из троскинских... знаете село Троскино?.. - отвечал со вздохом Антон.

- Ну, вестимо, как не знать.

- А вы, братцы, отколе?

- Отколе? а из сельца Дубиновки, слободы Хворостиновки, вотчины Колотиловки, - отвечал серьезно черный.

- Ишь черти, балясники! - вымолвил Антон.

- Аль не веришь? - продолжал Матюшка, - ей-богу, правда; а коли знать хочешь, так по деревням шлялись, зипуны да понявы шили... Эй, земляк, нет ли табачку: смерть нюхнуть хоцца.

- Нет, нету... ну, а, примерно, какая ваша служба?

- А вот какая: пришел в деревню, брякнул дубиной в окно: "Эй вы, тетки, бабы, девки да хозяева с чечеревятами, нет ли шитва?", а нет шитва, так бражки подавай удалому Кондрашке!..

- Стало, вы портные?

24

- Портные, ребята удалые!.. Эй, Севка, что ж ты прикорнул, собачья голова, аль сноху нажил? ну, запевай: "Эй, вдоль по улице, да мимо кузницы"... ну!..

И оба затянули лихую, забубенную песню. Антон слушал, слушал и не мог надивиться удали молодцов.

- Что, много оброку платите? - спросил он задумчиво, когда песня была окончена и парни закурили свои трубки.

- Ровно ничего, - отвечали они в один голос.

- Как так?..

- Да так же: мы, брат, вольные, живем не тужим, никому не служим!..

Тут Матюшка приложил коренастую ладонь к правой щеке своей и запел тоненьким, пронзительным дискантом:

> Ты зачем, зачем, мальчишка,
> С своей родины бежал?
> Никого ты не послушал,
> Кроме сердца своего...

Вскоре все три путника достигли высокой избы, осененной елкой и скворечницей, стоявшей на окраине дороги при повороте на проселок, и остановились.

- Вот мы шутя, а алтын на сороковину отмахнули, - сказал Матюшка Антону. - Ну что ж, слезай, пора духу перехватить; вот, гляди, и казенная аптека перед нами...

- Нет, спасибо, братцы, - отвечал тот, - пра, спасибо, - прибавил он, озираясь на стороны и почесывая затылок.

- Э, полно миряком-то прикидываться, пойдем, сорвем косуху при спопутности...

- Неколи... вам дело досужное, а мне в город пора...

Антон вздохнул.

- Ну вот еще, поспеешь.

- Денег нету.

- Эка беда, ступай оставь что-нибудь в закладе, как назад поедешь, отдашь...

Видно было, что наш мужик сильно колебался; наконец он собрался с духом и сказал решительно:

- Ей-богу, не пойду!

- Что ж ты, глотку опозорить боишься, что ли? не пьешь?..

- Пить-то пью... эх, нет, не пойду!..

Антон повернул лошадь к городу.

- Ну, да черт те дери... эй, земляк, выпей хошь для миру... хошь для миру-то выпей...

- Господь с вами, - сказал Антон, пуская рысью пегашку.

- Экой черт! - кричали ему вслед молодцы, - прямая шалава!.. погоди, обронил хвост у лошади... эй!.. цапля!..

Но Антон ничего не слышал; он давно уже был за горою. Погода между тем как будто собиралась разгуляться; свинцовое небо прояснилось; это делалось особенно заметным вправо от дороги к селу Бабурину. Белый господский дом и церковь, расположенные на горе, вдруг ярко засияли посреди темных, покрытых еще густою тенью дерев и избушек; в свою очередь сверкнуло за ними дальнее озеро; с каждою минутой выскакивали из мрака новые предметы: то ветряная мельница с быстро вращающимися крыльями, то клочок озими, который как бы мгновенно загорался; правда, слева все еще клубились сизые хребты туч, и местами косая полоса ливня сливала сумрачное небо с отдаленным горизонтом; но вот и там мало-помалу начало светлеть... Сквозь туманную мглу просияла пестрая радуга, ярче - и вот она обогнула собою половину неба; луч солнца, неожиданно пробившись сквозь облако, заиграл в бороздах, налитых водою, и вскоре вся окрестность осветилась белым светом осеннего солнышка. В то же время и самая дорога как бы немножко повеселела. Чем ближе придвигалась она к городу, тем более было заметно на ней оживления. Нередко начинали уже попадаться тучные, укутанные веретьями возы с мукою, рожью, огурцами, горшками и разными другими хозяйственными принадлежностями. Кое-где встречались бабы, тащившие за веревку хилую, костлявую коровенку с высохшим выменем, которую, вероятно в награду за ревностную службу многих лет, влачили продавать кошатникам на шкуру. Из проселков то и дело сворачивали телеги, наполненные мужиками и бабами, горланившими песни. Нарядные поярковые шляпы, кафтаны и сапоги у мужчин, алые повойники и коты пестрые у женщин давали знать о происходившей в городе ярмарке. Проехав еще версты две, Антон увидел длинную, бесконечную фуру с высоким верхом, покрытым войлоком; на передке сидел, нахохлившись, седой сутуловатый старик и правил изнуренною, едва переводившею дух тройкою; подле него на палке, воткнутой в облучок, развевался по воздуху пышный пучок ковыля. Из кузова, завешенного кое-как рогожею, высовывалось несколько ног, смуглых, черных, а между ними виднелась кудластая, взъерошенная голова, державшая во рту трубку с медною оковкою. Из фуры слышался живой разговор на каком-то странном, диком языке. К задней части экипажа, переплетенной веревками, была привязана целая дюжина разношерстных лошадей, тавренных по бедрам. Словом, по всему узнать

26

можно было цыган-барышников. Далее попался слепой нищий, упиравшийся одной рукой на сучковатую палку, другою на плечо худощавого оборванного мальчика, с трудом вытаскивавшего изнуренные больные ноги из грязи. Оба они, как видно, также поспешали на ярмарку в надежде выгодной добычи. Наконец-то заблистали вдалеке маковки церквей, глянули кровли, здания, а там выставилась из-за горизонта и вся гора, по скату которой расползался город. На песчаных отмелях широкой реки, огибавшей гору, белелся монастырь; паром, нагруженный подводами, медленно спускался по течению реки; на берегу чернелось множество народу, возов, лошадей. Шум слышался еще издали.

Сердце почему-то сильно забилось в груди Антона, когда он подъехал к заставе. Он словно впервые почувствовал себя на чужбине и безотчетно вспомнил о жене и ребятишках. Вслед за тем пришел ему в голову Никита Федорыч, горькая доля, ожидавшая семью в случае неудачи, потом встреча с мельником... Он быстро соскочил с пегашки и, приблизившись к мужику, торговавшему ободьями, спросил отрывисто, как бы проехать короче на конную. Получив ответ, Антон вступил за заставу и вскоре, подобно зерну, попавшемуся раз под порхающий жернов, был затерт толпою и исчез вместе с своей клячонкой.

IV

Ярмарка

Городишко, где происходит ярмарка, принадлежал к самым ничтожным уездным городам губернии. Глядя на него в обыкновенное время, нельзя даже подумать, чтоб он мог служить целью какой бы то ни было поездки; он являлся скорее на пути как средство ехать далее; куда ни глянешь: колеса, деготь, оглобли, кузницы, баранки - и только; так разве перехватить кой-чего на скорую руку, подмазать колеса, сесть, и снова в дорогу. Но в ярмарочную пору, и особенно осенью, он принимал такую оживленную, разнообразную наружность, что трудно даже было узнать его. И не мудрено: сколько ни находится в околотке мужичков с залежными гривнами и пятаками, с припасенными про случай ржицею, гречею, мукою и сеном, все окрестные купцы, барышники, мещане, промышленники всякого рода и сброда - все стекалось сюда, кто для барышей и дела, а кто, как водится, погулять, поглазеть да мошну повытрясти. Впрочем, и то сказать надо: есть на что посмотреть, есть что и купить в "коренную ярмарку"[1]. Сколько одних навесов, яток, строек, шатров понаставлено не только на площадке, но даже по всем переулкам, закоулкам, по всему скату горы, вплоть до самого берега! И чего уж нет-то под ними, какого надо еще добра и товара? Тут пестрыми группами возносятся кубышки, крыночки, ложки кленовые, бураки берестовые, чашки липовые золоченые суздальские, жбанчики и лагунчики березовые, горшки, и горшки-то все какие - муравленые коломенские! Там целые горы жемков, стручьев, орехов, мякушек, сластей паточных-медовых, пряников, писанных сусальным золотцом... Здесь мечутся в глаза яркою рябизною своею полосушки, набойки, холстинки, миткали всякие... А сколько платков, и сизых, и желтых, и алых, с разводами и городочками, развеваются по воздуху! Сколько александровки, кумачу, ситцев московских, стеклярусу!.. А сколько костромского товару: запонок, серег оловянных под фольгою и тавлинок под слюдою! - кажись, на весь бы свет с залишком стало.)

Поглядите-ка теперь, сколько посреди всего этого народу движется, толкается и суетится! какая давка, теснота! То прихлынут в одну сторону, то в другую, а то и опять сперлись все на одном месте - хоть растаскивай! Крик, шум, разнородные голоса и восклицания, звон железа, вой, блеянье, топот, ржание, хлопанье по рукам, и все это сливается в какой-то общий нестройный гам, из которого выхватываешь одни только отрывчатые, несвязные речи... Прислушайтесь: "Ой, батюшки, давят! Ой, голубчики, давят!" - пронзительно взвизгивает толстая мещанка в мухояровой душегрейке на заячьем меху. "Ой, родимые, отпустите! Проклятый - чего лезешь!.." - и вслед за тем раздается подле густой бас: "А сама чего топыришься... Ну, ну, не больно пихайся, я и сам горазд..." - "Ах ты, такой-сякой, общипанец..." Но тут голос мещанки покрывается рассыпчатым дребезжаньем торговки: "Купчиха! голубушка! на баранки, на баранки, сама пекла! На сайку, на горячу, сама пекла, на сайку..." - "По лук, по лук!" - слышится вслед за этим. "Э! лачи грай! тамар у девел, течурасса ман!"[2]. - "Авен, авен-те кинас!"[3] - кричат в отдалении цыгане. "Что покупаете? Ситцы-с, канифасы, нанки, выбойки!.. у нас брали, пожалуйте!.." - "Эх, солнышко садится, а у меня в мошне ничего не шевелится!" - раздается где-то в стороне. "Иван Трофимыч! Иван Трофимыч! где, вы говорили, гребенки продают?.. Ой! ой! давят!.. Иван Трофимыч, не отставайте!" - и толпа дворовых девок, разряженных в пух и в прах, кидается сломя голову

---

[1] Так называются вообще в средней России осенние ярмарки. (Прим. автора.)

[2] э! добрая лошадь, убей меня бог, украл бы.

[3] пойдемте торговать!

к высокому лакею со встрепанной манишкой. "Сюда, сюда, Анна Андреевна, не опасайтесь-с, ничего-с... Марфа Васильевна, не отставайте, город помещенье больпое-с, долго ли потеряться..." - "По клюкву, по ягодку по клюкву!" - "Помилуй, Христов ты человек, сам гляди, нынешнее!" - "Черно больно..." - "Како черно, где оно черно? Ну, где? Сено что ни есть свежее, звонкое сено, духовитое..." - "Спиридоныч, а Спиридоныч! купи девке-те коты-те, ишь воет, ажно душу дерет". Звуки гармоники и удалая песня заглушают на мгновение все голоса. "Севка, а Севка! припрем-ка вон ту купчиху-то, что больно топырится..." - "И то, и то, напирай сильнее, Митюха, ну, не робей!" - "Ой, батюшки, давят! Ой, голубчики, давят!" - снова вопит на всю ярмарку мещанка в душегрейке на заячьем меху. "Ишь, чертова кукла, как воет; а ну-кась, Севка, катнем-ка еще..." - "Ну, черт с ней! Знаешь что, Матюшка, пойдем-ка, брат, на конную, нашлялись здесь вволюшку..." - "На нашу долюшку! Ну, Севка, пойдем... Эй, стой! Вон, кажись, сцепились - драка; ступай сюда!" Долговязый белокурый парень стоит, оскалив зубы, перед седым стариком, увешанным кнутами, варежками, кушаками, который ругается на все бока и чуть не лезет парню в бороду.

- Эй, дядя, чему оскаляешься, али рад, что дожил до лысины? Что таришь парня-то? - крикнул Матюшка.

- Вестимо, что у вас? что? - раздалось в сдвинувшейся толпе.

- Братцы! - прохрипел старик, - он мошенник, хлыновец окаянный!.. почитай что вот с самого утра прикидывается у меня к кушаку; торгует, торгует, а, словно на смех, ничего не покупает... Ах ты, в стекляночной те разбей!.. Ах ты!..

- Господа, а господа, полно вам! - говорит городовой польского происхождения, инвалид с подбитым глазом, выступая вперед и толкая ссорившихся. - Полно, господа, начальство узнает, ей-богу, начальство... полно... вон (он указал на острог) туда как раз на вольный хлеб посадят... Полно, господа!..

- Эки дьяволы, право! - произнес Матюшка, отходя прочь. - Хошь бы маленько-то почесали друг друга, а то ишь чего испужались... Ну, леший с ними! Пойдем, брат Симион, на конную, ишь солнце того смотри сядет!

Конная площадь составляет главную точку ярмарочной промышленности. Там, правда, не встретишь ни офеней, увешанных лубочными картинами, шелком-сырцом, с ящиками, набитыми гребешками, запонками, зеркальцами, ни мирных покупателей - баб с задумчивыми их сожителями; реже попадаются красные девки, осанистые, сытые, с стеклярусными на лбу поднизями; тут по обеим сторонам широкой луговины сбился сплошною массою народ, по большей части шумливый, задорный, крикливый, охочий погулять или уже

29

подгулявший. Одна сторона поля загромождена возами сена, дегтем, ободьями, лесом, колесами; также торгуют тут коровами и всяким скотом; другая почти вплотную заставлена ятками, харчевнями, кабаками и навесами со всяким харчем и снедью. Здесь-то теснятся кружки играющих в свайку и орлянку, разгуливают шумными ватагами песельники, хлыновцы, барышники и цыгане. По полю там и сям носятся всадники, пробующие лошадей, или летят иноходцы в беговых дрожках и легоньких тележках. Кое-где виднеются группы конских любителей, продавцов и покупателей.

Приятели - портной Матюшка и товарищ его Севка - не успели еще продраться сквозь толпу, составлявшую ограду площади, как первый закричал что есть мочи:

- Эй, Севка! поглядь-кась, никак вон тот самый мужик, что встрелся с нами на дороге... Ну, так, так, он и есть... вон и пегая его кляча. Должно быть, не продал... Эй, Старбей! - продолжал он, обращаясь к Антону. - Как те звать, добрый человек?.. Знакомый, аль знать не хочешь?.. Ну что, как бог милует?..

- Здравствуйте, братцы, - вымолвил Антон, подходя к портным вместе с другими двумя мужиками.

Новые товарищи Антона были приземистые рыженькие люди, очень похожие друг на друга; у обоих остроконечные красные бородки и плутовские серые глазки; синий дырявый армяк, опоясанный ремнем, вокруг которого болтались доспехи коновала, баранья черная шапка и высокие сапоги составляли одежду того и другого.

- Что невесел, словно мышь на крупу надулся, ась? - произнес Матюшка насмешливо.

- Како тут веселье, - отвечал печально Антон, рассеянно глядя в поле.

- Что ж, опять небось алтын не хватает?.. Знамо, без денег в город - сам себе ворог; жаль, брат, прохарчились мы больно, а то бы, вот те Христос, помогли, ей-богу, хоть тысячу рублей, так сейчас бы поверили... А то, вишь, на косуху не осталось, словно бык какой языком слизнул... право...

В толпе раздался хохот. В это время к Антону подошли два мужика: мука, обсыпавшая их шапки и кафтаны, давала тотчас же знать, что это были мельники.

- Послушай, братец ты мой, - сказал старший из двух, - что ж, говори последнее слово: продашь лошадь-то али нет?..

Рыженькие приятели перемигнулись между собою, дернули Антона потихоньку сзади и сказали шепотом: "Мотри, земляк, не отдавай, надуть хотят, не отдавай!"

- Да побойся хоть ты бога-то, - отвечал Антон мельнику, - побойся бога; Христов ты человек аль нет? ну, что ты меня вертишь, словно махонького; ишь за каку цену хочешь лошадь купить...

30

- Оставь его, дядя Кондрат, - отозвался с сердцем товарищ мельника, - оставь, говорю; с ним и сам сатана возившись упарится; вишь, как он кобенится, часов пять и то бились, лошадь того не стоит; пойдем, авось попадем на другую, здесь их много...

- Вестимо, - отвечали в одно время рыженькие, - знамо, свет не клином сошелся; ступайте, вы лошадь найдете, а мы покупщика.

Старый мельник, казалось, с сожалением расставался с мыслию приобрести пегашку; он еще раз обошел вокруг нее, потом пощупал ей ноги, подергал за гриву, качнул головой и пошел прочь.

- Ишь, ловкие какие, - произнес один из рыженьких, - чего захотели, "атусбеш"[4] то бишь... тридцать пять рублей за лошадь дают... да за эвдаку животину и семьдесят мало...

- Эй, земляк, давай я лошадь-то куплю! - снова закричал Матюшка, - не грусти; что голову повесил? сколько спросил? сколько хошь, столько и дам: чур, мотри, твои могарычи, а деньги за лошадь, как помру.

- Чего вы привязались ко мне? ну, чего вам от меня надыть? - сказал с сердцем Антон и сделал шаг вперед. По всему видно было, что бедняга уже давным-давно вышел из себя и выжидал только случая выместить на ком-нибудь свою досаду.

Севка и Матюшка сделали вид, как будто испугались, и отскочили назад; толпа, расположенная к ним прибаутками, которые рассыпал Матюшка, заслонила их и разразилась громким, продолжительным хохотом. Ободренный этим, Матюшка высунул вперед черную кудрявую свою голову и заорал во все горло:

- Гей! земляк всех избил в один синяк!.. братцы, ребята, это, вишь, наш бурмистр, ишь какой мигач, во всем под стать пегой своей кобыле, молодец к молодцу... ворон, вишь, приехал на ней обгонять... Эй, эй! Фалалей, мотри, мотри, хвост-ат у клячи оторвался, ей-богу, право, оторвался... ей, го... го... го... го...

Антон в это время следовал за рыженькими своими приятелями, которые почти против воли тащили его на другой конец поля. К ним тотчас же подскочили три цыгана.

- Что, добрый человек, лошадь твоя?

- Моя.

- Продаешь?

- Мотри не продавай, - снова шепнули Антону рыженькие, - народ бедовый, как раз завертят.

---

[4] Тридцать пять рублей на языке конских барышников и конокрадов. (Прим. автора.)

- Продаю, - отвечал нерешительно Антон и в то же время поглядел с беспокойством на приятелей.

Тогда один из цыган, дюжий, рослый мужчина в оборванных плисовых шароварах и синем длинном балахоне с цветными полотняными заплатами, подбежал к пегашке, раздвинул ей губы, потом поочередно поднял ей одну ногу за другой и, ударив ее в бок сапогом, как бы для окончательного испытания, сказал товарищам:

- Лачи грай, ян таранчинас, шпал, ды герой лачи![5]

- Мычынав курано[6], - отвечали те, - а нанано - пробине, пробине[7].

И все трое принялись осматривать лошадь. Разумеется, удары в бок, как необходимейшее условие в таком деле, не заставили себя дожидаться.

- Что стоит? - спросил первый цыган.

- Семьдесят рублей, - отвечали равнодушно и как бы из милости рыженькие спутники Антона, отводя его в сторону и принимаясь нашептывать ему на ухо.

Цыгане засмеялись.

- А саранда рубли круг, де гаджо лове ватопаш, сытуте лове?[8] - сказал первый.

- Сы[9], - отвечали те.

- Лачи[10]. Ну, братцы, и ты, добрый человек, - продолжал тот, указывая на лошадь с видом недовольным, - дорого больно просишь; конь-то больно изъезжен, стар; вот и ребята то же говорят...

- Да чуть ли еще не с норовом, - подхватил цыган, глядя пегашке в зубы, - ишь, верхний-то ряд вперед выпучился... а ты семьдесят рублей просишь... нет, ты скажи нам цену по душе; нынче, брат, не то время, - корм коня дороже... по душе скажи...

- Сколько же по-вашему? - спросил Антон.

- Да что тут долго толковать, мы в деньгах не постоим, надо поглядеть сперва ходу, как бежит... был бы конь добрый, цену дадим не обидную... веди!

Рыженькие отвели Антона в сторону.

- Экой ты, брат... мотри не поддавайся... не купят, право слово, не купят, попусту только загоняешь лошадь и сам измаешься... говорим, найдем завтра покупщика... есть у нас на примете... вот уж ты сколько раз

---

[5] Добрый конь, давайте, братцы, торговать, смотри: ноги хороши больно.
[6] как будто старенька
[7] а все попробуем
[8] А сорок рублей стоит, да мужик отдаст за половину: деньги у вас есть?
[9] есть
[10] ладно

водил, не купили, и теперь не купят, не такой народ; тебе, чай, не первинка... - твердили они ему.

- Спасибо, родные, за доброе, ласковое ваше слово, да, вишь, дело-то мое захожее.

- Вот по той причине мы те и толкуем, на волоку и по волоку - надо дело рассуждать.

- Господь их ведает, может, и по честности станут цену давать; мне, братцы, така-то, право, тоска пришла, что хошь бы сбыть ее с рук скорей.

- Пожалуй, ступай себе; а только, право, попусту сходишь.

Антон взял пегашку под уздцы и, сопровождаемый цыганами, повел ее к стороне харчевен, откуда должен был, по обыкновению, начаться бег. Рыженькие пошли за ними. Пройдя шагов двадцать, они проворно обернулись назад и подали знак двум другим мужикам, стоявшим в отдалении с лошадьми, чтобы следовали за ними; те тотчас же тронулись с места и начали огибать поле; никто не заметил этих проделок, тем менее Антон. Видно было по всему, что он уже совсем упал духом; день пропал задаром: лошадь не продана, сам он измучился, измаялся, проголодался; вдобавок каждый раз, как являлся новый покупщик и дело, по-видимому, уже ладилось, им овладевало неизъяснимо тягостное чувство: ему становилось все жальче и жальче лошаденку, так жаль, что в эту минуту он готов был вернуться в Троскино и перенести все от Никиты Федорыча, чтобы только не разлучаться с нею; но теперь почему-то заболело еще пуще по ней сердце; предчувствие ли лиха какого или что другое, только слезы так вот и прошибали ресницы, и многих усилий стоило бедному Антону, чтобы не зарыдать вслух.

- Эх, каман чорас грай, томар у девел чорас ме![11] - сказал кто-то из цыган, когда пришли на место.

Тут стояли уже несколько человек с лошадьми; между ними находились и те, которым подали знак рыженькие.

- Ну, брат хозяин, садись на коня, - вымолвил первый цыган Антону, - поглядим, как-то он у тебя побежит... садись!..

Антон медленно подошел к пегашке, уперся локтями ей в спину, потом болтнул в воздухе длинными, неуклюжими своими ногами и начал на нее карабкаться; после многих усилий с его стороны, смеха и прибауток со стороны окружающих он наконец сел и вытянул поводья. Толпа, состоящая преимущественно из барышников, придвинулась, и кто молча, кто с разными замечаниями окружили всадника-мужика. В числе этих замечаний не нашлось, как водится, ни одного, которое бы не противоречило другому; тот утверждал, что конь "вислобокой", другой,

---

[11] Эх, вот бы украл лошадь, убей меня бог, украл бы!

напротив того, спорил, что он добрый, третий бился об заклад, что "двужильный", четвертый уверял, что пегая лошадь ни более ни менее, как "стогодовалая", и так далее; разумеется, мнения эти никому из них не были особенно дороги, и часто тот, кто утверждал одно, спустя минуту, а иногда и того менее, стоял уже за мнение своего противника.

- Ну, теперь пущай ее... пущай! - закричало несколько голосов, и толпа ринулась в сторону.

Но усталая, измученная и голодная пегашка на тот раз, к довершению всех несчастий Антона, решительно отказывалась повиноваться пруканью и понуканью своего хозяина; она уперлась передними ногами в землю, сурово потупила голову и не двигалась с места.

- Конь с норовом... ан нет... ан да... о! чего смотрите, черти!.. она, вишь, умаялась: дай ей вздохнуть, вздохнуть дай!.. - слышалось отовсюду.

А Антон между тем употреблял все усилия, чтобы раззадорить пегашку: он то подавался вперед к ней на шею, то спускался почти на самый хвост, то болтал вдоль боков ногами, то размахивал уздечкой и руками; нет, ничего не помогало: пегашка все-таки не подавалась.

- Э... ге... ге... ге! - заметил цыган, - да она, брат, видно, у тебя опоена, видно, на кнуте только и едет.

Антон удвоил усилия; пот выступил у него на лбу.

- Ну, ну, - бормотал он, метаясь на лошади как угорелый, - ну, дружок! ну, дурачок!.. э!.. ну... эка животина... ну... ну... э!..

- Эй, брат!.. ребята! да вы проведите ее.

- Нет, зачем проводить... оставь... она и сама пойдет... дайте ей вздохнуть...

- А долго будет она так-то стоять? - сказал кто-то и без дальних рассуждений, подбежав к лошади, ударил ее так сильно в брюхо, что сам Антон чуть было не слетел наземь.

Толпа захохотала, а пегашка тем временем брыкнула, взвизгнула и понеслась по полю.

- Э! взяла, взяла! э! пошла, пошла, пошла! гей! гей! го-го-го! - послышалось со всех сторон.

Один из зрителей пришел в такой азарт, что тут же снял с себя кожух и, размахивая им с каким-то особенным остервенением по воздуху, пустился догонять лошадь.

- Ишь, прямо с копыта пошла, хорошо пошла, - произнес цыган, обращаясь к толпе.

- Николко, проста лашукр, - ведь хорошо бежит.

- Урняла, целдари урняла! знатно скачет! - отвечали те в один голос, глядя ей вслед, и закричали Антону: - Эй! пусти ее во весь дух, пусти, небось... дыкло, дыкло! посмотрим!

34

Рыженькие, казалось, того только и ждали, чтобы отъехал Антон; они подошли к двум мужикам-товарищам и переговорили.

Когда Антон вернулся назад, они уже стояли на прежнем своем месте, а товарищи их пододвинулись со своими лошадьми к цыганам.

- Ну, вот что, брат, - сказал первый цыган Антону, - семьдесят рублей деньги большие, дать нельзя, это пустое, а сорок бери; хошь, так хошь, а не хошь, так как хошь; по рукам, что ли? долго толковать не станем.

Антон поглядел нерешительно на рыженьких. Те замотали головами.

- Нет, - сказал он печально, - нельзя, несходно...

- Братцы, что вам, лошадь, что ли, надо? - заговорили тотчас приятели рыженьких, - пойдемте, поглядите у нас... уж такого-то подведем жеребчика, спасибо скажете... что вы с ним как бьетесь, ишь ломается, и добро было бы из чего... ишь, вона, вона как ноги-то подогнула... пойдемте с нами, вон стоят наши лошади... бойкие лошади! супротив наших ни одна здесь не вытянет, не токмо что эта...

- А чего вы лезете! - перебил один из близ стоявших мужиков, - нешто это дело - отбивать? экие бесстыжие, совести нет; вишь, он продает, а вы лезете; завидно, что ли?.. право, бесстыжие...

- А черт ли велит ему отмалчиваться? коли продаешь, так продавай, что кобенишься? да! что буркалы-то выпучил, словно пятерых проглотил да шестым поперхнулся... отдавай за сорок... небось несходно?.. отдавай, чего надседаешься...

- Нет, за сорок не отдам.

- Твоя воля, конь твой, - отвечал цыган, - ну, слушай последнее слово: сорок рублей и могарычи... хошь?

- Что мне могарычи? на кой мне их леший!..

- Узду в придачу!

- И узды не надыть.

- Эх вы, ребята, словоохотливые какие, право, - начали опять те, - видите, не хочет продавать - и только; и что это вы разгасились так на эвту лошадь? мотрите, того и гляди, хвост откинет, а вы сорок даете; пойдемте, вам такого рысачка за сорок-то отвалим, знатного, статного... четырехлетку... как перед богом, четырехлетку...

- Соле саракиресса, накамыл тебыкнел, авен, шпалы, не каман, ну, что с ним, взаправду, толковать? пойдемте, братцы; не хочет. Ну, прощай, добрый человек, - сказал первый цыган. - Авен, авен, пшалы, пойдемте, пойдемте, братцы.

Рыженькие тотчас же повели Антона в другую сторону.

- Ну вот, говорили мы тебе... как бишь те звать?

- Антоном.

- Э! да у меня, брат, свояка зовут Антоном. Ну, ведь говорили мы тебе, не ходи, не продашь лошади за настоящую цену! э! захотел, брат, продать цыгану! говорят, завтра такого-то покупщика найдем, барина; восемьдесят рублев как раз даст... я знаю... Балай, а Балай, знаешь, на кого я мечу?..

Балай кивнул головою, искоса поглядел на Антона и значительно подмигнул товарищу.

- Спасибо, братцы, за ваши добрые речи, - отвечал мужик, уныло потупляя голову, - да, вишь, дело-то мое захожее; куды я теперь пойду? ночь на дворе.

- Куды пойдешь! об эвтом, земляк, не сумлевайся... а мы-то на что ж?.. вот брат пойдет домой в деревню, а я остаюсь здесь; пожалуй, коли хочешь, пойдем вместе, я тебе покажу, где заночевать.

- У меня, братцы, ведь денег нету... вот беда какая! думал лошадь продать, так...

- Эхва, беда какая! мало ли у кого не бывает денег, не ночуют же в поле... я тебя поведу к такому хозяину, который в долг поверит: об утро, как пойдешь, знамо, оставь что-нибудь в заклад, до денег, полушубок или кушак, придешь, рассчитаешься; у нас завсегда так-то водится...

- Когда ваше такое доброе слово, - отвечал Антон, - пойдемте, братцы, авось, господь милостив, завтра удастся продать лошаденку...

- Не сумлевайся, брат Антон, говорю, покупщик у нас есть знатный для тебя на примете; ты, вишь, больно нам полюбился, мужик-ат добре простой, не приквельный... хотим удружить тебе... бог приведет, встренемся, спасибо скажешь...

И все трое покинули площадь. Только что своротили они в переулок, как Балай распрощался с Антоном и, перемигнувшись еще раз с товарищем, исчез в толпе.

V

Ночлег

"Ох, горе, мое горе, кручинное житье! - думал Антон, следуя медленным, нетвердым шагом за товарищем. - День прошел, да, видно, до нас не дошел, ишь вечеряет, а лошаденка все с рук не сошла; что станешь делать!.. нет, знать, так уж господу богу угодно... погрешил я чем перед ним... охо, хо... Дома-то, дома у меня, я чай, ждут, сердешные, не дождутся; не наболится у родимых сердечушко... Правда, напался человек добрый, сулил покупщика хорошего, да это когда еще, завтра!.. Заночевать, вишь, пришлось в чужой стороне промеж чужих людей, денег ни полушки, а дело захожее... Ну, а как завтра да опять не выйдет на мою долю счастья, лошади опять не продашь, а только пуще бед наживешь, и с тем домой вернешься... Никита просвету не даст тогда, долой с бела света сгонит, совсем беда! пропадем ни за что и я, и Варюха, да и ребятенки-то тож... охо... хо, горе мое, горе, кручинное житье!.."

День между тем зримо клонился к вечеру; солнце село; золотистые хребты туч, бледнея на дальнем горизонте, давали знать, что скоро и совсем наступят сумерки. Подошва горы, плоские песчаные берега, монастырь и отмели окутались уже тенью; одна только река, отражавшая круглые облака, обагренные последними вспышками заката, вырезывалась в тени алой сверкающей полосою. Осенний ветер повеял холодом и зашипел в колеях дороги. Время от времени он изменял свое направление, и тогда слышались с реки отрывистые крики народа, толпившегося на берегу и ожидавшего парома, который чуть видимою точкой чернелся на более и более бледневшей поверхности воды, влача за собою огненную, искристую полосу света. Шум ярмарки умолкал; толпа в городе постепенно редела; скидывались ятки, запирались лари, лавки; купцы и покупатели расходились во все стороны, и все тише да тише становилось на улицах, на площади, между рядами телег, подвод, укутанных и увязанных на ночь в рогожи. Вниз по горе тишина делалась еще заметнее; тут исчезли уже почти все признаки ярмарки; кое-где разве попадался воз непроданного сена и его хозяин, недовольное лицо которого оживлялось всякий раз, как кто-нибудь проходил мимо, или встречалась ватага подгулявших мужиков и баб, которые, обнявшись крепко-накрепко, брели, покачиваясь из стороны в сторону и горланя несвязную песню.

Антон и рыженький его товарищ достигли уже подошвы горы, когда на одном из поворотов дороги должны были остановиться по случаю стечения народа. Они подошли ближе. На самом крутом уступе лежал замертво пьяный мужик; голова его, седая как лунь, скатилась на дорогу, ноги оставались на возвышении; коротенькая шея старика налилась кровью, лицо посинело... Присутствующие, которых было очень много, не помышляли, однако ж, поднимать его; иные, проходя мимо, замечали только: "Эк его раздуло!" или: "Ишь те как нализался!" Большая часть зрителей не делали, впрочем, никаких замечаний: они глядели на него с каким-то притупленным любопытством, почесывали затылки и качали головами, как бы в душе соболезнуя о злополучном земляке; но помощи никто решительно не подавал, никто даже не трогался с места. Антон принадлежал, должно быть, к последней категории; он постоял, покачал головою и готовился уже кликнуть своего товарища; но в эту самую

37

минуту из толпы выскочил полный кудрявый детина в синем кафтане и с радостным восклицанием бросился обнимать его.

- Эхва!.. Антон! как тебя бог милует? подобру ли, поздорову? вот не чаяли встретиться...

- Здорово, Митроха, - вымолвил Антон, ошеломленный несколько неожиданным приветствием, - как можешь?..

Они обнялись и поцеловались. Встреча эта сильно озадачила рыженького; он суетливо подошел к Антону, дернул его за полу и шепнул: "Земляк, пора до фатеры, поздно, того и гляди, места не станет..."

- Шутка, дело какое! - продолжал Митроха, - почитай что целый год не видались: ну что, брат Антон, как тебя перевертывает? как поживаешь с хозяйкою и с ребятишками?..

- Ох, лучше и не спрашивай, плоше моего житья, кажись, на свете нет... мое житье самое последнее...

- Неужто все Никита проклятый досаждает?..

- Да, - отвечал печально Антон, - да; вот и теперь пришел, брат, сюда последнюю лошадь продавать, - велел!.. не знаю, что и будет; совсем, знать, пришло мое разоренье...

- Ой ли? ну, брат, жаль, больно жаль мне тебя!.. а я, брат, на фабрике-то пооперился маненько; живу верстах в трех отсель на миткалевой фабрике... и хозяин такой-то, право, добрый достался, не в обиде живешь... Ну, расскажи-ка, братец ты мой, как поживают Стегней с женою? он ведь свояк мне...

- А что им делается - хлебушка есть, живут ладно, по милости господней.

- Новую избу, говорят, поставили?

- Поставили.

- Так; ну, брат Антон, где ж ты остановился здесь?

- Вот тут... близехонько, - отвечал скороговоркою рыженький, - у самого перевоза на постоялом...

- Дай ему господь бог здоровья, - продолжал Антон, указывая земляку на рыженького, - встрелся добрый человек... хочет провести на ночлег.

- Пойдем, Антон, - сказал тот, - пора, не опоздать бы нам, народу не подошло бы много с ярманки...

- Ну, ладно, - подхватил Митроха, - я к тебе завтра зайду на фатеру... как бог свят, зайду; ты, я чай, не больно рано пойдешь на ярманку... а мы до того времени перемолвим слово, покалякаем про своих... так-то, брат, я тебе рад, Антон, право, словно родному... инда эвдак сердце радуется, как случай приведет с земляком повидаться... Ну, прощай, брат, и мне пора ко двору, а завтра непременно зайду...

- Прощай, Митроха, заходи же, мотри...

- Ладно, ладно...

- Ну, братец, куда же нам теперь идти? - спросил Антон, когда земляк исчез за поворотом.

- Сойдем вниз, а там пойдем все по берегу, все по берегу, до самых кузниц.

- Далече?

- Эко ты наладил одно: далече да далече? видишь перевоз?

- Вижу...

- Ну, коли видишь, так ладно; тут как раз будет тебе и постоялый двор... он прямо стоит за кузнями...

Движения, походка, лицо товарища Антона мгновенно изменились: теперь все уже показывало в нем человека довольного, даже торжествующего; серенькие плутовские глазки его насмешливо суживались и поочередно устремлялись то на мужика, то на пегашку; он стал разговорчивее; но в речах его уже не было той заботливости, той вкрадчивости, с какими прежде подъезжал он к Антону. Все произошло, однако, так, как говорил рыженький: вскоре они достигли перевоза, там поднялись по скользкому грязному берегу и вышли на пустынное поле, огражденное с одной стороны рядом черных, мрачных кузниц, которые неровною линиею спускались почти к самой воде.

Миновав кузницы, рыженький молча указал Антону на высокую избу, одиноко стоявшую на дороге и окруженную длинными навесами. Тем временем, как они к ней приближались, ночь окончательно обхватила небо и окрестности. Месяц вышел из-за туч и весело проглянул на небе. Антон обернулся назад и бросил взгляд к стороне города; там все уже стихло; редко, редко долетала отдаленная песня или протяжное понуканье запоздалого мужика, торопившего лошадь. Где-то в стороне, далеко-далеко за рекою слышался стук в чугунную доску деревенского караульщика. Он увидел реку, исчезавшую после многих изгибов в темноте, крутые берега, отделявшиеся от нее белым туманом, и черные тучи, облегавшие кругом горизонт. Луна скрылась; воцарился глубокий, непроницаемый мрак; подходя к избе, Антон едва-едва различил подводы, стоявшие у ворот. Шумный говор и свет, выходивший длинною полосою из окна, давали знать, что на постоялом дворе было довольно народу.

- Ну, вот и пришли, - сказал рыженький Антону, - веди лошадь в ворота; ладно; ставь ее вот сюда, под навес, да пойдем ужинать...

- Послушай, добрый человек, - произнес Антон, оглядывая с беспокойством постоялый двор и навесы, - послушай, мотри, не было бы лиха... не обидели бы меня... не увели бы лошаденки; я слышал, народ у вас в городах на это дело добре податлив...

- Эх ты! - воскликнул тот, ударив мужика по плечу, - прямой ты, брат, деревенщина, пра, деревенщина; борода у те выросла, а ума не вынесла; ну, статочно ли дело? сам порассуди, кому тут увести? ведь здесь дворник есть, ворота на ночь запирают; здесь не деревня, как ты думаешь. Знамо дело, долго ли до греха, коли не смотреть, на то, вишь, и двор держат, а ты думаешь, для чего?..

- Оно так, - отвечал мужик, продолжая озираться на стороны, - вестимо так, а все словно думается...

- Что говорить, - начал рыжий, переменив вдруг насмешливый тон на серьезный, - кто против того? животину водить, не разиней ходить, это всякий знает... полно, земляк, полно; а ты взаправду опасаешься, что ли?..

- Как перед богом, боюсь... добрый человек.

- Ну, коли так, привяжи ее пока здесь к столбу, а потом приходи сюда спать; я и сам с тобою лягу... пойдем выпьем по чарке винца, смерть прозяб... а там подкинем соломы да всхрапнем... ладно, что ли?..

- Ладно, коли твоя добрая душа будет...

- Привязал?

- Привязал...

- Мотри, привязывай крепче, чтоб не отвязалась неравно да не ушла...

- Нет, не уйдет...

- Пойдем.

Изба, в которую рыженький ввел Антона, была просторна; по крайней мере, так показалась она последнему при тусклом свете сального огарка, горевшего на столе в железном корявом подсвечнике; один конец перегородки, разделявшей ее на две части, упирался в исполинскую печь с уступами, стремешками и запечьями, другой служил подпорою широким полатям, с которых свешивались чьи-то длинные босые ноги и овчина. За столом, под образами, сидели четыре человека и ужинали; подле них хлопотала хозяйка, рябая, встрепанная, заспанная баба.

- Хлеб да соль, братцы, - вымолвил рыженький, запирая дверь, - здравствуй, хозяйка!

- Хлеб да соль, - проговорил, в свою очередь, Антон, крестясь перед образами.

- Спасибо, - отозвались сидевшие мужики.

- Вам постоять, что ли? - грубо спросила дворничиха.

- И то тебя, вишь, не обходим, вот и товарища привел... ну, а хозяин где?

- Кто там?.. - послышалось сверху, и в то же время длинные ноги, висевшие с полатей, перевернулись и показали, что принадлежащее им туловище перевалилось на спину.

- Что там развалился, черт? - закричала сиповатым голосом хозяйка, - ступай! вишь, народ подошел...

40

На полатях послышалась зевота.

- О-о-о! Господи, господи, о-о! - бормотал хозяин, сползая по стремешкам печи вниз. - А! - воскликнул он, останавливаясь, - а! здорово, рыжая борода!

Рыженький подал ему из-за спины Антона выразительный знак рукою. Хозяин тотчас же замолчал; закинув обе руки за шею, он потянулся, зевнул и продолжал лениво:

- Эк вы поздно как таскаетесь, люди спать давно полеглись; ну, а мужичок с тобой пришел?

- Со мной.

- Лошадь есть?

- Есть.

- Сенца надыть, что ли? - спросил хозяин Антона, - у меня сено знатное...

- Нет, - отвечал простодушно Антон, - сена не надо, я лошадь-то продавать привел: и так простоит, сердешная...

- Твоя на то воля... ужинать небось станете?

- Давай!..

- Такая-то беда у меня... малого своего отослал в Зименки... до сих пор не вернулся; сам за все и про все, - говорил хозяин, слезая наземь.

- А почем ужин? - рассеянно спросил рыженький.

- Известно, что тут толковать, лишнего не берем, что в людях, то и у нас: шесть гривен с хлебом.

- Ладно... Эй, хозяйка! собирай скорей, смерть проголодались.

- Вам чего? щей плехнуть, аль гороху вальнуть, аль лепеху с семенем? - спросила хозяйка.

- Давай что ни есть... Хозяин, а хозяин, нет ли, брат, винца?

- Как не быть... вам сколько?

- Что, Антон, голову-те повесил, вино есть, аль не слышишь? выпьем, говорю, завтра знатный будет день. Хозяин, давай штоф!..

Когда дворник вышел, рыженький повертелся еще несколько минут подле печки и шмыгнул в двери. Это было сделано так ловко, что Антон ничего не заметил; он снял с себя полушубок, повесил его на шесток, помолился богу, сел за стол и в ожидании ужина принялся рассматривать новых своих товарищей. Двое из них немного погодя встали, перекрестились и молча улеглись на нары, занимавшие целую стену избы. Антон увидел, что тут спало еще несколько человек мужиков. Из оставшихся двух за столом один особенно привлек внимание нашего мужика. Это был толстенький, кругленький человек, с черною окладистой бородкой, плоскими маслистыми волосами, падавшими длинными космами по обеим сторонам одутловатого, багрового лица, отличавшегося необыкновенным добродушием; перед ним на столе стояла огромная чашка каши, деревянный кружок с рубленой говядиной и хрящом и миска с лапшою; он уписывал все это, прикладываясь попеременно то к тому, то к другому с таким рвением, что пот катился с него крупными горошинами; слышно даже было, как у него за ушами пищало. Антон первый прервал молчание.

- Вы отколе? - спросил он.

Мужик встряхнул головою, устремил на него оловянные глаза и, проглотив кашу, мешавшую ему закрыть рот, отвечал:

- Сдалече: ростовские.

- Господские?

- Барские...

- Больша вотчина?

- Большая...

Тут хозяйка поставила перед ним чашку тертого гороху; мужичок принялся за него с тем же ничем не сокрушимым аппетитом и уже ничего не отвечал на вопросы Антона. Скоро вернулся рыженький с штофом вина, сел подле товарища, и оба принялись ужинать. Немного погодя явился и сам хозяин.

- А ты ехать собрался, что ли? - спросил он у мужичка, сидевшего рядом с ярославцем.

- Да, мне пора, - отвечал тот, подтягивая кушак, - до свету надо быть дома.

Антон мгновенно поднял голову, поглядел на него, вздохнул и перестал есть. Хозяин снял с полки счеты и подошел к отъезжавшему вместе с хозяйкой.

- Щи хлябал?

- Хлябал.

- Кашу ел?

- Ел.

- Масло лил?

- Лил.

- Сорок копеек, - произнес отрывисто хозяин, щелкнув костями.

Мужик расплатился, помолился перед образами и, поклонившись на все четыре стороны, вышел из избы. В то время толстоватый ярославец успел уже опорожнить дочиста чашку тертого гороху. Он немедленно приподнялся с лавки, снял с шеста кожух, развалил его подле спавшего уже товарища и улегся; почти в ту ж минуту изба наполнилась его густым, протяжным храпеньем. Дворничиха полезла на печь. В избе остались бодрствующими рыженький, Антон и хозяин.

- Хозяин! - начал первый, прислушавшись прежде к шуму телеги отъехавшего мужика, - подсядь-ка, брат, к нам, не спесивься; вот у меня товарищ-ат что-то больно приуныл, есть не ест и пить не пьет; что ты станешь с ним делать...

- Ой ли? - произнес хозяин, подходя к столу, - ну, давай... как бишь звать-то тебя?.. Пантелеем, что ли?

- Антоном...

- Давай, брат Антон, я выпью... да ты-то что? э! полно, чего кобенишься, пра, выпей, вино у меня знатное, хошь пригубь...

Антон выпил.

- Не то, братцы, на разуме у меня; так разве со стужи, - произнес он, крякнув и обтирая бороду.

- Пей, не робей, - вскрикнул рыженький, перемигиваясь с хозяином... - Ну-кась, брат, со стужи-то еще стаканчик...

- Спасибо... много доволен...

- Э! что за спасибо! пей, сколько душа примет... знамо, первая чарка колом, вторая соколом, а третью и сам позовешь; пей; душа меру, брат, знает... а там и спать пойдем...

- Под навес? - спросил Антон, глаза которого начинали уже разгораться.

- Вестимо что под навес... вот добрый хозяин и соломки даст... да пей же, брат, пей без опаски... хлеб ешь?

- Ем.

- Ну, а разве вино не тот же хлеб! маненько только пожиже будет... валяй! Ну, экой, право, приквельной какой, долго думать, тому же быть...

- Для ча не выпить, когда добрый человек подносит, - подхватил хозяин. - От эвтого, брат Антон, зла не будет... пей за столом, говорят добрые люди, да не пей, мотри, только за углом...

Антон выпил еще стакан.

- Братцы! - произнес он вяло и принимаясь тереть лицо, лоб и щеки, с которых катился крупными каплями пот. - Братцы, пра, пора... вот те Христос... домой пора бы. Варвара-то... э! Варвара... братцы...

- Погоди... поспеешь еще... - отвечал рыженький, наливая еще стакан, - вот выпей наперед, выпей, слышь, последний выпей... на стужу идешь...

- Пейте скорее, ребята, и мне пора спать... чай, полночь давно на дворе... - вымолвил хозяин, зевая и потягиваясь.

Антон осушил стакан бычком и почти в ту же минуту повалился, как скоп, на лавку...

- Спит? - спросил поспешно хозяин у рыженького, который уже нагнулся к Антону и слушал.

- Хоть кол на голове теши, не услышит! - отвечал тот, выпрямляясь и махнув рукою.

Оба засмеялись. Рыженький подошел к столу, выпил оставшуюся в штофе водку, взял шапку и стал поочередно оглядывать спавших на нарах; убедившись хорошенько, что все спали, он задул свечу и вышел из избы вместе с хозяином...

VI

Пегашка

Время подходило уже к самому рассвету, когда толстоватый ярославец был внезапно пробужден шумом в избе. Открыв глаза, он увидел стол опрокинутым; из-под него выползал на карачках Антон, крестясь и нашептывая: "Господи благослови, господи помилуй, с нами крестная сила..."

- Что, брат, с тобою?.. Эй, что ты? - спросил мужичок, соскакивая с нар и принимаясь трепать Антона по плечу. - Эк ты меня испужал; словно "комуха"[12], вот так и трясет меня всего...

- Господи благослови... ох!.. насилу отлегло... - выговорил Антон, вздрагивая всем телом, - ишь, какой сон пригрезился... а ничего, ровно ничего не припомню... только добре что-то страшно... так вот к самому сердцу и подступило; спасибо, родной, что подсобил подняться... Пойду-ка... ох, господи благослови! пойду погляжу на лошаденку свою... стоит ли она, сердешная...

Антон снова перекрестился и поспешно вышел из избы. Мужик сел на нары и начал мотать онучи.

Шум, произведенный Антоном, разбудил не одного толстоватого ярославца; с полатей послышались зевота, оханье, потягиванье; несколько босых ног свесилось также с печки. Вдруг на дворе раздался такой пронзительный крик, что все ноги разом вздрогнули и повскакали наземь вместе с туловищами. В эту самую минуту дверь распахнулась настежь, и в избу вбежал сломя голову Антон... Лицо его было бледно, как известь, волосы стояли дыбом, руки и ноги дрожали, губы шевелились без звука; он стоял посередь избы и глядел на всех страшными, блуждающими глазами.

---

[12] Лихорадка, по-ярославски. (Прим. автора.)

- Что там? - отозвалась хозяйка, просовывая голову между перекладинами полатей.

- Что ты?.. эй, сват!.. мужичок... дурманом прихватило, что ли?.. Эк его разобрало, - заговорили в одно время мужики, окружая Антона.

- Что ты всех баламутишь? - произнес грубо хозяин, оттолкнув первого стоявшего перед ним мужика и хватая Антона за рубаху. - Да ну, говори!.. что буркалы-то выпучил...

- Увели!.. - мог только вскрикнуть Антон. - Лошаденку... ей-богу... кобылку пегую увели!..

- Ой ли?.. братцы... ишь что баит... долго ли до греха... э! э! э!..

И все, сколько в избе ни было народу, не исключая даже Антона и самого хозяина, все полетели стремглав на двор. Антон бросился к тому месту, куда привязал вечор пегашку, и, не произнося слова, указал на него дрожащими руками... оно было пусто; у столба болталась одна лишь веревка...

- Взаправду увели лошадь! ишь вот, вот и веревка-то разрезана, ножом разрезана... и... и... и... - слышалось отовсюду.

Антон ухватился обеими руками за волосы и зарыдал на весь двор.

- Братцы, - говорил бедный мужик задыхающимся голосом, - братцы! что вы со мною сделали?.. куды я пойду теперь?.. Братцы, если в вас душа есть, отдайте мне мою лошаденку... куды она вам?.. ребятишки, вишь, у меня махонькие... пропадем мы без нее совсем... братцы, в Христа вы не веруете!..

Ничто не совершается так внезапно и быстро, как переходы внутренних движений в простом народе: добро ряд об ряд с лихом, и часто одно венчается другим почти мгновенно. Почти все присутствующие, принявшие было горе Антона со смехом, теперь вдруг как бы сообща приняли в нем живейшее участие; нашлись даже такие, которые кинулись к хозяину с зардевшими, как кумач, щеками, со сверкающими глазами и сжатыми кулаками. Толстоватый ярославец горячился пуще всех.

- Ты, хозяин, чего глядел! - вскричал он, подступая к нему. - Разве так делают добрые люди? нешто у тие постоялый двор, чтобы лошадей уводили?.. нет, ты сказывай нам теперь, куда задевал его лошадь, сказывай!..

- Да ты-то, тие, тие... охлестыш ярославский пузатый, - возразил не менее запальчиво хозяин, - мотри, не больно пузырься... что ко мне приступаешь? Мотри, не на таковского наскочил!..

- Вестимо, вестимо, - заговорили в толпе, - он тебе дело баит; сам ты, мотри, не скаль зубы-те! нешто вы на то дворы держите? этак у всех нас, пожалуй, уведут лошадей, а ты небось останешься без ответа.

45

- Да что вы, ребята, - отвечал хозяин, стараясь задобрить толпу, - что вы, взаправду: разве я вам сторож какой дался! Мое дело пустить на двор да отпустить, что потребуется... А кто ему велел, - продолжал он, указывая на Антона, - не спать здесь... Ишь он всю ночь напролет пропил с таким же, видно, бесшабашным, как сам; он его и привел... а вы с меня ответа хотите...

- Братцы! - закричал Антон, отчаянно размахивая руками, - братцы, будьте отцы родные... он, он же и поил меня... вот как перед богом, он, и тот парень ему, вишь, знакомый... спросите хошь у кого... во Христа ты, видно, не веруешь!..

- Ребята, - вымолвил ярославец, - я сам видел, как он вечор поил его... право слово, видел...

- А нешто я отнекиваюсь? Пил с ними; да, позвал меня товарищ, сам подносил; ну и пил...

- Да ты его знаешь... того, рыженького-то? Что прикидываешься!

- А отколь мне знать его? Эка леший! Нешто у меня здесь мало всякого народу перебывает! так мне всех и знать... я его впервинку и в глаза-то вижу... да что вы его, братцы, слушаете? может, лошадь-то у него крадена была... вы бы наперед эвто-то разведали.

- Братцы, кобылка, как перед господом богом, девятый год у меня стоит... спросите у кого хотите...

- Да, ишь ловок больно! А у кого они спросят? Экой прыткой какой! - заметил хозяин.

- Что мне теперь делать? Что делать, братцы? - воскликнул снова бедный мужик, ломая руки.

- Слушай, брат, как бишь тебя?..

- Антон, родимый... как перед господом богом, Антон.

- Ну, хорошо; слушай, Антон, - сказал ярославец, выступая вперед, - коли так, вот что ты сделай: беги прямо в суд, никого не слушай, ступай как есть в суд; ладно; сколько у те денег-то?..

- Ни полушки нетути, касатик, то-то и горе мое; кабы деньги были, так разе стал бы продавать последнюю лошаденку... Нужда!..

- Как! у тебя денег нету? - возразил хозяин, разгорячаясь. - Ах ты, мошенник! так как же ты приходишь на постой?.. ты, видно, надуть меня хотел... Братцы! вот вы за него стояли, меня еще тазать зачали было... вишь он какой! он-то и есть мошенник...

- Тебе, я чай, сказывал рыженький... ах он... Господи! чем погрешился я перед тобою? - произнес Антон, едва-едва держась на ногах.

- Да, теперь отвертываться да на другого сваливать станешь... Ах ты, бездельник! да я сам пойду в суд, сам потащу тебя к городничему; мне и приказные-то все люди знакомые и становой!..

46

- Полно, хозяин, ты, может, напраслину на него взводишь, ишь он какой мужик-ат простой, куды ему чудить! и сам, чай, не рад, бедный; может, и сам он не ведал, с каким спознался человеком... - послышалось в толпе.

Но хозяин и слышать не хотел; сколько ни говорили ему, сколько ни увещевал его толстоватый ярославец, принимавший, по-видимому, несчастие Антона к сердцу, он стоял на одном. Наконец все присутствующие бросили дворника, осыпав его наперед градом ругательств, и снова обратились к Антону, который сидел теперь посредь двора на перекладине колодца и, закрыв лицо руками, всхлипывал пуще прежнего.

- Слушай, брат Антон, - начал один из них, - не печалься добре; гореваньем лошади не наживешь; твоему горю можно еще пособить; этако дело не впервинку случается; слушай: ступай-ка ты прямо, вот так-таки прямо и беги в Заболотье... знаешь Заболотье?

- Нет, кормилец, не знаю: я не здешний.

- Ну, да нешто... ступай все прямо по большой дороге; на десятой версте, мотри, не забудь, - на десятой, сверни вправо, да там спросишь... Как придешь в Заболотье-то, попаведайся к Ильюшке Степняку... там тебе всякой укажет...

- Полно, кум, что баишь пустое! Ну, зачем пойдет он в Заболотье? тут вот, может статься, и ближе найдешь свою лошадь... Послушай, брат Антон, ступай помимо всех в Спас-на-Журавли, отсель всего верст двадцать станет... я знаю, там спокон века водятся мошенники... там нагдысь еще накрыли коноводов... ступай туда...

- А как туда пройти-то, касатик?..

- Как выйдешь за заставу, бери прямо по проселку влево; там тебе будет село Завалье; как пройдешь Завалье-то, спроси Селезнев колодезь...

- Эка, а Кокиното и забыл... - заметил кто-то.

- Да, как пройдешь Завалье, спроси Кокинску слободу; обмолвился было маненько, ну, да нешто... а из Селезнева колодца пройдешь прямо в Спас-на-Журавли... вотчина будет такая большая...

- Дядя Михека, а дядя Михека, - перебил высокий и плешивый мужик, придвигаясь медленно к говорившему.

- Ну, что?

- А вот послушай ты меня, старика, что я тебе скажу...

- Ну...

- Право слово, ему податнее будет сходить в Котлы... вот как бог свят, податнее... Антон, право слово, ступай в Котлы; оно, что говорить, маненько подалее будет, да зато, брат, вернее; вот у нас намедни у мужичка увели куцего мерина, и мерин-ат такой-то знатный, важнеющий, сказывали, в Котлах, вишь, нашли...

- Э! эка ты проворный какой! ну куда ты его за семьдесят-то верст посылаешь...

- А что? пойдет и за двести, коли лошади не отыщет, - ответил тот с чувством оскорбленного самолюбия.

- Полно, Антон, ступай, говорю, в Спас-на-Журавли; там как раз покончишь дело...

- И то ступай в Спас-на-Журавли! - закричали многие, - в Спас-на-Журавли ступай!

- Да, как бы не так, - возразил сурово хозяин, - я небось так вот и отпущу его вам в угоду... он у меня пил, ел, а я его задаром отпущу; коли так, ну-ткась, ты хорохорился за него пуще всех, ну-кась заплати... что?.. а! нелюбо?..

- Что?..

- А вот то-то - теперь что? что?..

- Что мне тебе дать... - сказал Антон, поспешно вставая, - бери что хочешь, бери, не держи только...

- Давай полушубок!

- Бери, господь с тобою...

- Так-то сходнее; придешь опять - отдам, не то пришли из деревни девять гривен... за постой да за ужин...

- Ах ты, алочный человек! пра, алочный! жалости в тие нет... - сказал ярославец. - Ишь, на дворе стужа какая... того и смотри, дождь еще пойдет... ишь, засиверило, кругом обложило; ну, как пойдет он без одежды-то? ему из ворот, так и то выйти холодно...

- А мне что, он пил, ел...

- Тебе что! эх ты...

- Да ты-то что! ну, отдай ему свой полушубок, коли жалеешь...

- А я в чем пойду?

- Ну, вот то-то и есть; и всякой хлопочет, себе добра хочет...

- Куда же мне идти теперь? - перебил Антон, отдавая полушубок хозяину.

- Ступай в Спас-на-Журавли! - закричало несколько голосов.

- Как выйдешь за заставу, бери прямо по проселку вправо... не забудь, Завалье, так Кокино...

- Спасибо... отцы мои... спасибо... - бормотал Антон, выбегая без оглядки на улицу.

- Ступай все прямо... ступай!.. - кричали ему вслед мужики, выходя также за ворота, - ступай, авось лошадь найдешь...

- А вряд ли ему найти, - заметил кто-то, когда Антон был уже довольно далеко, - ведь денег у него нету...

- Ой ли? и то, и то... где ж тут найти! попусту только измается, сердешный...

- Ну, да пущай его поищет, авось как-нибудь и набредет на след... без денег, вестимо, плохо... да во всем милость божия...

- Дядя Федосей, найдет он лошадь аль нет?

- Как тут найдешь, черта с два найдешь; слышь, денег нету... напрасно набегается...

В это время Антон остановился у берега и крикнул:

- А куды пройти к заставе?

- Ступай, ступай все прямо по горе, мимо острога... ступай на гору, ступай вверх по горе... - отвечали мужички в один голос...

И долго еще продолжали они таким образом кричать ему вслед; Антона и вовсе не было видно; уже давным-давно закрыла его гора, а они все еще стояли на прежнем месте, не переставая кричать и размахивать на все стороны руками.

VII

Россказни

Наконец-то мало-помалу мужички успокоились; кто сел на лавочку подле ворот, а кто на завалинку. Пошли толки да пересуды о случившемся. Хозяин присоединился к ним как будто ни в чем не бывало; сначала, однако, не принимал он ни малейшего участия в россказнях, сидел молча, время от времени расправлял на руках полушубок Антона, высматривая на нем дырья и заплаты, наконец свернул его, подложил под себя и сел ближе, потом слово за словом вмешался незаметно в разговор, там уже и заспорил. Кончилось тем, что не более как через полчаса все присутствующие, не выключая и тех, которые более других бранили дворника, согласились с ним во всем и чуть ли даже не обвинили кругом бедного Антона. Сам толстоватый ярославец, принявший было так горячо сторону обиженного, и тот начал понемногу подаваться...

- Знамо, что говорить, - сказал он примирительным тоном хозяину, - кто его знает, что он за человек? в чужой разум не влезешь... да ведь разве я тебя тазал когда?.. когда я тебя тазал?.. я к слову только молвил, к полушубку; мужика-то жаль добре стало... ишь, стужа... а я тебя не тазал, за что мне тебя тазать?..

- Известно, братец ты мой, надо настоящим делом рассуждать, - отозвался седой старик, - за что ему на тебя злобу иметь, за что? (Он указал хозяину на ярославца.) Он ему не сват, не брат... может статься, так, слово какое в пронос сказал, а ты на себя взял; что про то говорить, может, и взаправду конь-то у него краденый, почем нам знать? Иной с виду-то таким-то миряком прикидывается, а поглядишь - бядовый! вор какой али мошенник...

- Как не быть! всяк случается, братец ты мой, - начал опять ярославец, - ты не серчай... Вот, примерно, - прибавил он после молчка, - у нас по соседству, верстах эвтак в пяти, и того не станет, жил вольной мужик, и парень у него сын, уж такой-то был знатный, смирный, работящий, что говорить, на все и про все парень!.. С достатком и люди-те были... Об лето хаживали, вишь, они по околотку, и у нашего барина были, крыши да дома красили, тем и пробавлялись; а в зимнее дело либо в осенину ходили по болотам, дичину всякую да зайцев стреляли; кругом их такие-то всё болота, и, и, и! страсти господни! пешу не пройтить! вот какие болота! Ну, хорошо; и говорю, мужички богатые были, не то, примерно, голыши какие... К ним господа езжали, и наш барин бывал, другой день поохотиться приедет, знамо, дело барское, ину пору позабавиться... Старик-ат куды, сказывают, горазд был знать места, где дичина водилась; куда, бывало, поедет, руками загребай; вот по эвтой-то причине господа-то... да, ну хорошо. Молодяк, сын-ат, слышите, братцы, такой-то парень был, что, кажись, во всем уезде супротив ни одному не вытянуть... куда смирный, такой-то смирный... хорошо, вот, на бяду, спознаться ему с солдаткой из Комарева; знамо, дело молодое! а уж она такая то забубенная, озорная баба, бяда! Ну хорошо, стакнулись, согласились, живут, то есть, выходит, примерно, по согласью живут. Вот, братцы, раз этак под утро приезжают к ним три купца: также поохотиться, видно, захотели; ну, хорошо; парнюха-то и выгляди у одного из них невзначай книжку с деньгами; должно быть, они с ярманки или базара какого к ним завернули; разгорелось у него сердце; а парень, говорю, смирный, что ни на есть смирнеющий; скажи он сдуру солдатке-то про звти деньги, а та и пошла его подзадоривать, пуще да и пуще, возьми да возьми: никто, мол, Петруха, не узнает... А какой не узнает! где уж тут не узнать...

- Как не узнать!.. вона дело-то какое... э! э! ишь, проклятая!.. ишь, чего захотела... э! - заговорили в одно время слушатели, качая головами.

- Ну хорошо, - продолжал ярославец, - как начала она его так-то подзадоривать, а парень, знамо, глупый, дело молодое, и польстись на такое ее слово; она же, вишь, сам он опосля рассказывал, штоф вина ему принесла для куража, а может статься, и другое что в штофе-то было, кто их знает! туман какой, что ли! Ну, поснедали купцы, запалили ружья, да и пошли в лес; взяли с собой и парня, Петруху-то; ну хорошо. Вот, братцы вы мои, и залучи он того, с деньгами, в трущобу, вестимо ради охоты... Пришли. Как закричит Петруха-то на зайца, тот сердешный купец и кинулся; как кинулси-то он, а Петруха-то тем временем как потрафит да как стрельнет ему в спину, так, сказывали, лоском и положил купца, зараз потерял человека...

- Э!.. о!.. воно оно... ишь!.. эка грех какой!.. - отозвалось несколько голосов.

- Ну хорошо, - продолжал ярославец, - сам, братцы, сказывал опосля Петруха... самому, говорит, так-то стало жалко, ужасти, говорит, как жалко, за что, говорит, потерял я его; а как сначала-то обернулся купец-ат, говорил Петруха, в ту пору ничего, так вот сердце инда закипело у меня, в глазах замитусило... и не знать, что сталось такое... знать, уж кровь его попутала... Ну хорошо, как повалился купец, Петруха по порядку, как следно, взял у него деньги, закопал их в землю, да и зачал кричать, словно на помощь, примерно, зовет, кричит: застрелился да застрелился! Стало, уж так недобрый какой обошел его; пришли два другие купца; прибежали, спрашивают Петруху... а тот и замялся, сробел, сердешной... Осмотрели они купца, видят, что спина у него опалена; глядят, дело неладно, обшарили - и денег нетути; так да сяк, взяли они Петруху, тогда сам, вишь, дался, в неправде-то бог, знамо, запинает, скрутили да в острог и посадили; в нашем остроге и сидел... Так вот, братцы, како дело вышло, а парень, говорю, что ни на есть смирнеющий, хороший парень, ловкий такой...

- Ну, а чем же, брат, дело-то покончилось? - спросили несколько человек.

- Дело-то чем покончилось?.. а вот чем: сидит так-то год целый Петруха в остроге... ладно; а отец, старик-ат, тем временем хлопотать да хлопотать, много и денег передавал, сказывают... ну, совсем было и дело-то уладил, ан вышло и бог знает как худо. Солдатка-то Петрухина повадилась опять, вишь, к нему таскаться; уж как угодила она, леший ее знает, а только в острог к нему таскалась. Ходила, ходила, да и выведай от него, недобрая мать, про деньги-то! простой был парень; он сдуру-то и поведай ей то место, куды закопал их; известно, может, думал, пропадут задаром, так пусть же лучше ей достанутся; хорошо; как получила она себе деньги, и пошла дурить, то есть чего уж ни делала! что ни день, бывало, платки у нее да шелки, прикрасы всякие, то есть цвету такого нет в поле, какие наряды носила, вот как! Знамо, бабье дело: чем бы деньги-то приберечь, припрятать, а она гремит их на весь свет... Что то за диво?

51

думали в Комареве. Отколь валит такое у Матрешки? таракали, таракали, хвать да хвать, спросы да расспросы, туда-сюда, да и доведались: все рассказала, где взяла, откуда и как достались... Дело и спознали... тут, как уж потом ни бился старик отец, ничего не сделал; денег-то, знамо, уж не было у него в ту пору, все растуторил, роздал, кому следует... так и осталось... Заковали Петрушку в кандалы и погнали в Сибирь... Я помню, как и отправляли-то его, сердешного, довелось видеть... народу-то!.. и, и, и!.. видимо-невидимо... право, так инда жаль его стало; парень добре хороший был...

- Ну, а отец что?

- Да, сказывают, прошлу зиму помер...

- Ишь оно дело-то какое; какой грех на душу принял: польстился на деньги, - заметил старик. - А что, братцы, он ведь это неспроста? помереть мне на этом месте, коли спроста...

- Знамо, что неспроста, - подхватил другой глубокомысленно, - надо настоящим делом рассуждать; разве по своей воле напустит на себя человек тако лихоимство? шуточно ли дело, человека убить! лукавый попутал!..

Во время этого разговора к воротам постоялого двора подъехала телега; в ней сидели два мужика: один молодой, парень лет восемнадцати, другой - старик. Последний, казалось; успел уже ни свет ни заря заглянуть под елку и был сильно навеселе.

- Ребята! Эй, молодцы! - кричал он еще издали, размахивая в воздухе шапкою, - хозяин! можно постоять до ярманки?

- Ступайте, - откликнулся хозяин, - на то и двор держим, ступайте...

Он отворил ворота и ввел приезжих под навес.

Вскоре хмельной старичишка и молодой парень, сопровождаемые хозяином, подсели к разговаривающим.

- Про что вы тут толмачите, молодцы? - спросил старикашка, оглядывая общество своими узенькими смеющимися глазками; тут приподнял он шапку и, показав обществу багровую свою лысину, окаймленную белыми, как снег, волосами, посадил ее залихватски набекрень.

Присутствующие разразились громким единодушным смехом.

- Ишь, балагур, старик какой! ай да молодец! а ну-ткась, тряхни-ка стариной! у! у! - посыпалось со всех сторон.

- Ой ли? - произнес старик, подпираясь в бока и пускаясь в пляс, - ой ли? аль не видали?..

- Полно, батюшка, - сказал сердито молодой парень, удерживая его, - эк на старости лет дуришь, принес свою бороду на посмешище городу; полно...

52

- А что ж, - отвечал тот, силясь вырваться из рук сына. - Ах ты такой-сякой... я ж те, не замай... пфу!.. да ну те к нечистому, плюньте на него, ребятушки... давайте сядемте-ка... рассказывай ты, рыжая борода, о чем вы тут таракаете?..

- А вишь, нынешнюю ночь увели отсель у мужичка лошадь... - отвечал кто-то, думая вызвать этим известием хмельного старичка на потеху.

- Эхва! увели... ну, а где ж он сам-ат? в кабачище, чай, косуху рвет с горя?..

- Да, как же, в кабаке... побежал, вишь, ее разыскивать...

- Эй, Ванюха, чертова кукла! - вскричал старичишка, обращаясь мгновенно к сыну, который, казалось, очень был недоволен шутками отца, - мотри, уж не тот ли это мужик... Вот, ребятушки, - продолжал он, оскаливая свои беззубые десны и заливаясь хриплым смехом, - не будет тому больно давно, повстречали мы за заставой мужичка... такой-то чудной... так вот и бежит и бежит по полям, словно леший его гонит... "Поглядь-ка, говорю, Ванюша, никак мужик бежит по пашне". - "И то, говорит, бежит..." Поглядели... бежит, так-то бежит, и, и, и! и давай кричать: "Эй, погоди, постой!.." Куды те, дует себе, не докличешься!.. уж такой-то, право, мужик любопытный! пра, любопытный!.. должно быть, он...

- Он, он и есть... он... - отозвалось несколько голосов.

Старик ухватился под бока, и все туловище его закачалось от хриплого прерывистого хохота. Тут разговор сделался общим; несколько человек, увлеченные сочувствием к старичку-балагуру, тотчас же принялись рассказывать ему в один голос все подробности происшествия ночи.

Между тем занялось утро; окрестности мало-помалу пробудились; по скату горы снова потянулись подводы, забелели палатки, запестрел народ. Паром, нагруженный возами и мужиками, задвигался по реке, противоположный берег которой заслонялся совершенно серым, мутным туманом; в кузницах подле постоялого двора загудели меха, зазвенело железо. Ярмарка снова начиналась, кому на горе, а кому и на радость. В самое короткое время двор наполнился постояльцами, приезжавшими из заречья; кое-кто из пешеходов подходил и со стороны города. Последние располагались кучками подле ворот и вокруг избы; в числе их особенно много было баб-проходимок, богомолок, нищих. Между последними нельзя было не заметить Архаровны. Она, по-видимому, не принадлежала ни к какой кучке и одиноко бродила туда и сюда. Никто из присутствующих не знал побирушки; но одна ее одежда, состоящая на этот раз исключительно из лохмотьев, связанных узлами и укутывавших ее с головы до ног, так что снаружи выглядывало только сморщенное, темное лицо старухи и несколько пучков серых, желтоватых волос, в состоянии уж была обратить на себя всеобщее внимание. К тому также немало способствовали: сапоги вместо лаптей, непомерно длинная суковатая клюка, а наконец, и широкая сума, набитая вплотную и которую Архаровна держала на сгорбленной спине своей так же свободно, как любой бурлак. Три молодые парня, стоявшие у ворот, были первые, которые ее заметили. "Ишь, - сказал один, - вот так старуха; ну уж, баба-яга, подлинно что баба-яга". - "Да, - подхватил другой, - повстречаться с такой-то ночью, так испугаешься: подумаешь, нечистого встретил..." - "Ишь, старая, старая, - продолжал насмешливо третий, - а шутка каку штуку наворошила себе на спину... и нашему брату не под моготу..."

Архаровна подошла, припадая с одной ноги на другую, к окну избы, постучалась легонько по рамке клюкою и произнесла жалобно нараспев: "Кормилицы наши, батюшки, подайте милостинку во имя Христо-о-во..." Окно отворилось, из него высунулось рябое лицо дворничихи. "Бог подаст, много вас здесь шляндает... ступай-ка, ступай..." - сказала она грубо и без дальних рассуждений захлопнула окно. Архаровна перекрестилась, потупила голову и подошла тем же точно порядком, припадая и прихрамывая, к толпе, стоявшей у ворот.

- Что, бабушка, - сказал один из молодых парней, ударяя ее по плечу, - умирать пора!..

- Ась, касатик!..

- Умирать пора, что шляешься...

- По хлебушко, кормилец, хлебушка нетути...

- А вон это что у тебя в мешке? ишь туго больно набито, - заметил он, подходя ближе и протягивая руку, чтобы пощупать суму; но старуха проворно повернулась к нему лицом и никак не допустила его до этого.

Другой молодой парень, стоявший поблизости, ловко подскочил в это время к ней сзади, и та не успела обернуться, как уже он обхватил мешок обеими руками и закричал, надрываясь от смеха:

- Старуха, мотри, эй, крупа-то высыпалась... право, на дне прореха... дорогой, того и гляди, всю раструсишь...

- Оставь!.. каку тут еще крупу нашел... - бормотала сердито Архаровна, стараясь высвободить мешок из рук парня, - экой пропастный, полно, оставь...

Но парень одним поворотом руки бросил суму наземь, повернул старуху и указал ей на прореху, из которой в самом деле сыпалась тоненькою струею крупа.

- Ахти!.. батюшки!.. - крикнула старуха, расталкивая собравшихся зевак и поспешно нагибаясь, - ой, касатики мои... вот люди добрые подали крупицы на мою бедность... да и та растерялась... ох...

И она заплакала.

- Знать, много ты бедна, - сказал иронически парень, - что целый мешок наворочали тебе люди-то добрые... эки добрые, право; у них крупа-то, видно, что скорлупа... Да что ты пихаешься, тетенька? небось, не возьму, не съем, - продолжал он, удерживая одною рукою Архаровну, другою развертывая суму. - Ишь, ребята... эй, поглядите, какова нищенка... вона чего припасла... вон в кулечке говядина... э! э!.. эхва, штоф винца в тряпице... два! братцы! два штофа и сала кусок, э! а вот и кулек с крупою... жаль только, тетка, прорвался он у тебя маленько... ай да побирушка! да полно, уж не живешь ли ты домком... Чай, на ярмарке накупила по хозяйству... что ж, в гости-то позовешь нас, что ли?.. да полно, ну, чего пузыришься, ишь огрызается как! говорят, не съедим, не тронем, поглядеть только хотелось...

И он обхватил ее еще крепче руками.

- Ишь, взаправду, чего набрала, - заметил старик, подбираясь к мешку, - а еще милостинку собираешь... эх ты... жидовина... да тебе, старой, эвтого и в год не съесть...

Все эти замечания, хохот, насмешки толпы, обступившей парня и нищенку, остервенили донельзя Архаровну; куда девались ее несчастный вид и обычное смирение! она ругалась теперь на все бока, билась, скрежетала зубами и казалась настоящей ведьмой; разумеется, чем более длилась эта сцена, тем сильнее и сильнее раздавался хохот, тем теснее становился кружок зрителей... Наконец кто-то ринулся из толпы к парню и, ухватив его за плечи, крикнул что было силы:

- Эй, Петруха, мотри, укусит... пусти!..

Парень отскочил; толпа завыла еще громче, услышав страшные ругательства, которыми старуха начала осыпать ее. Наконец Архаровна встала; повязка сползла с головы ее, седые волосы рассыпались в беспорядке по лохмотьям; лицо ее, искривленное бешенством, стало вдруг так отвратительно, что некоторые отступили даже назад. Она подобрала, не оправляясь, все свои покупки в суму, взяла ее в обе руки, забросила с необыкновенною легкостью на плечи и, осыпав еще раз толпу проклятиями, поплелась твердым шагом к городу. Все это исполнено было так неожиданно, что все опешили от удивления; густой, оглушительный хохот раздался уже тогда в толпе, когда старуха совсем исчезла из виду...

Хмельной старичишка, приехавший с молодым парнем, готовился было начать рассказ о встрече своей с Антоном какому-то мельнику (что делал он без исключения всякий раз, как на сцену появлялось новое лицо), когда к кружку их подошел человек высокого роста, щегольски одетый; все в нем с первого разу показывало зажиточного фабричного мужика. На нем была розовая ситцевая рубаха, подпоясанная низехонько пестрым гарусным шнурком с привешенным к нему за ремешок медным гребнем; на плечах его наброшен был с невыразимою небрежностью длинный-предлинный синий кафтан со сборами и схватцами. Зеленые замшевые рукавицы, отороченные красной кожей, высокая шляпа, утыканная алыми цветами с кулича, и клетчатый бумажный платок, который тащил он по земле, довершали его наряд.

- Здравствуйте, братцы, - произнес он, приподымая легонько шляпу, - вот что, не здесь ли остановился троскинский мужичок Антон?.. Он сюда лошадь приехал продавать... лошаденка у него пегая, маленько с изъянцем... Обещался я его проведать, да никак не найду; по всему низовью прошел, ни на одном постоялом дворе нету...

- А какой он из виду? - спросил кто-то.

- Такой сухолядый, долговязый, лет ему под пятьдесят... с проседью...

- Э! э! э... - раздалось в толпе, - да уж не тот ли, братцы?..

- С кем я повстречался на дороге? - подхватил хмельной старичишка, - говорю, мотри, Ванюха, мужик бежит... И то, говорит...

- Ну, брат, - живо перебил третий, - с ним неспорое дело попритчилось...

- Что ты? какое дело?..

- Да зевуна дал: у него кобылку-то подтибрили, увели; нынче ночью и увели...

- Неужто правда? - вскричал фабричный, ударяя об полы руками.

- Не встать мне с этого места... спроси хошь у ребят, вот те Христос - правда...

- Да кто ж это? как?..

- А бог их знает, увели, да и все тут!

- Где ж он сам-от?

- Разыскивать побежал лошадь... маненько, брат, и не захватил ты его...

- Я встрелся с ним на дороге, - начал было снова старичишка, - бежит, бежит, такой-то, право, мужик любопытный!..

- Эко дело! э! - произнес с истинным участием фабричный, - да расскажите же, братцы, как беда-то случилась.

Все разом принялись кричать, рассказывать; хозяин перекричал, однако, других и с разными прибавлениями, оправдывавшими его кругом, рассказал парню обо всем случившемся.

- Ну, пропал! совсем запропастил, сердяга, свою голову, - твердил тот, хмурясь и почесывая с досадою затылок, - теперь хоть смерть принять ему, все одно.

- А что, он тебе брат али сродственник какой?

- Нет, не сродственник: земляк; да больно жаль мне его, пуще брата... то есть вот как жаль!.. мужик-то такой добрый, славный, смирный!.. Его совсем, как есть, заест теперь управляющий... эка, право, горемычная его доля... да что толковать, совсем он пропал без лошади...

- Знамо, в крестьянском житье лошадь дело великое: есть она - ладно, нет - ну, вестимо, плохо.

- А какой мужик-то, - продолжал земляк Антона, садясь на лавочку и грустливо качая головою, - какой мужик! ох, жаль мне его...

- А мы, брат, не посетуй, признаться, чаяли, вот и хозяин говорил, будто он человек недобрый какой... И господь знает, отчего это нам на разум пришло.

- Хоть верьте, хоть нет, я не про то его хвалю, что земляк он мне... да вот, братцы, спросите... - С этими словами указал он на мужика в красной александринской рубахе, подходившего к их кружку, - знаешь, Пантюха, - крикнул он ему, когда тот мог слышать, - знаешь, беда какая... подь скорей сюда...

- Ну что?

- Ведь у нашего Антона лошадь-то увели.

- Ой ли?

- Ей-богу, правда, вот здесь и молодцы все знают... а я думал, брат, на радость привести тебя к землячку, эка беда!..

И он повторил Пантюхе все слышанное им от дворника.

- Ну, пропал, совсем пропал мужик, - произнес тот после некоторого молчания, - невесть что с ним станется. Никита заест его... эка, право, мужик-ат этот лихобойный, бессчастный!..

- Да кто у вас Никита-то?

- Управляющий...

- Что ж ему заедать его? ведь лошадь не господская, мужицкая...

- А то, что он послал его продавать ее... податей заплатить нечем...

- Э! вот оно что... Стало, мужик добре бедный!..

- Какой бедный! совсем разоренный; а все через него же, управляющего... этакого-то господь послал нам зверя...

- Драчлив, что ли?

- Такой-то колотырник, так-то дерется, у-у-у!.. бяда! - отвечал Пантюха, махнув рукой и садясь на лавку подле товарища, - и не то чтобы за дело; за дело бы еще ничто, пущай себе; а то просто, здорово живешь, казнит нашего брата...

- Что и наш, верно, - перебил ярославец, молчавший все это время, - у нас вотчина-то большая, управляющий-то из немцев, такой же вот бядовый! ни богу, ни людям, ни нам, мужикам... смерть! Раз вот как-то иду я и, признаться, не запримстил, шапку ему не снял; ну хорошо; как подошел он ко мне да как хватит меня вот в эвто само место; ну хорошо; я ему и скажи в сердцах-то: Карл Иванович, за что, мол, ты дерешься? как

57

он, братцы, хлысть меня в другую; ну хорошо; я опять: бога, мол, не боишься ты, Карл Иваныч... Как почал таскать, так я инда и света не взвидел, такой-то здоровенный, даром что немец... А спроси, за что бил, я чай, и сам не знает; такое, знать, уж у него сердце... ретив, больно ретив...

— Поди ж ты, иной барин не так спесив: мужичка жалеет...

— Эти-то, что из нашего брата, да еще из немцев, — хуже, — заметил старик, — особливо, как господа дадут им волю, да сами не живут в вотчине; бяда! того и смотри, начудят такого, что ввек поминать станешь... не из тучки, сказывали нам старики наши, гром гремит: из навозной кучки!.. Скажи, брат, на милость, за что ж управляющий-то ваш зло возымел такое на земляка... Антоном звать, что ли?

— Думает, он понес на него жалобу барину в Питер...

— А, вот что! э! ишь!.. — послышалось в толпе, которая все плотнее и плотнее окружала разговаривающих.

— А жалобу-то не он совсем и понес... коли на прямые денежки отрезать, по душе сказать. Она пошла от всего мира... он виновным только остался...

— Как так?

— Да вот как... Старый барин наш помер, тому лет пять будет; Никита и остался у нас управляющим. По настоящему делу ему не след было бы, да так уж старый барин пожелал... он, вишь, выдал за него при живности своей свою любовницу; ее-то он жаловал, она и упросила...

— Стало, любил ее барин?

— А так-то любил, что и сказать мудрено... у них, вишь, дочка была... она и теперь у матери, да только в загоне больно: отец, Никита-то, ее добре не любит... Ну, как остался он у нас так-то старшим после смерти барина, и пошел тяготить нас всех... и такая-то жисть стала, что, кажись, бежал бы лучше: при барине было нам так-то хорошо, знамо, попривыкли, а тут пошли побранки да побои, только и знаешь... а как разлютуется... беда! бьет, колотит, бывало, и баб и мужиков, обижательство всякое творит...

— Ну, а молодые-то господа?

— Молодые господа наши, сын да дочь, в Питере живут... мы их николи и в глаза-то не видали... вестимо, братцы, кабы они здесь жили или понаведывались, примерно, хошь на время, так ина была бы причина... у нас господа по отцу, добрые, хорошие, грех сказать, чтобы зла кому пожелали, дай им господь за то много лет здравствовать! Вот мой брат был в Питере и говорит: господа важные!.. Да где ж им самим до всего доходить? вотчин у них много, и то сказать, всех не объездишь; живут они в Питенбурхе, — господа! они рады бы, может статься, особливо барин, в чем помочь мужикам своим, да, вишь, от них все шито да крыто;

им сказывают: то хорошо, другое хорошо, знатно, мол, жить вашим крестьянам, ну и ладно, они тому и верят, а господа хорошие, грех сказать; кабы они видали, примерно, что мужики в обиде живут от управляющего да нужду всяческу терпят, так, вестимо, того бы не попустили... Управляющему, знамо, какое до нас дело? нешто мы его? дана ему власть над нами, и творит, что ему задумается; норовит, как бы последнее оттянуть от мужичка... И добро бы, братцы, человек какой был, сам господин али какого дворянского роду, что ли; все бы, кажись, не так обидно терпеть, а то ведь сам такой же сермяжник, ходит только в барском кафтане да бороду бреет... а господа души, вишь, в нем не чают, они нашего мужицкого дела не разумеют, все сполняют, что ему только поволится... Ну, как почал он так-то обижать нас, видим, плохо; вот вся деревня наша и сговорилась написать жалобу молодому барину в Питер; время было к самому разговенью... а сговорившись-то и собрались так-то ночью в ригу, все до единого вросхмель, как теперь помнится, а рига такая-то большая, за барским садом стоит... был с нами и Антон...

При этом имени в толпе произошло движение, некоторые из слушателей наклонились еще ближе к рассказчику, и почти в одно и то же время со всех концов послышалось: "Ну, ну!"

- Он, нужно сказать, - продолжал фабричный, - изо всего нашего Троскина один только грамоте-то и знал... уж это всегда, коли грамоту написать али псалтырь почитать над покойником, его, бывало, и зовут... ну, его и засадили; пиши, говорят, да пиши; подложили бумагу, он и написал, справорили дело... Ну хорошо, послали в Питер, никто и не пронюхал; зароком было бабам не сказывать, и дело-то, думали, споро, ан вышло не так...

У нашего управляющего, Никиты Федорыча, в Питере есть брат, такой же нравный; ходит он за барином; ну, вестимо, что говорить, сила! и другие-то люди из тамошних все ему сродни, заодно; как пришло наше письмо туда, известно, не прямо к барину: к людям сначала попало; швацар какой-то, сведали мы опосля, принял; барину он уж как-то там передает... у меня брат в Питирбурге-то у господ бывал... в одной, говорит, прихожей только-то народу, и-и-и... знамо, где уж тут дойти? народ все проворный, не то что наш брат, деревенский; ну, братцы, как получили они себе письмо, должно быть и смекнули, с кой сторонки... бумага али другое что не ладно было; а только догадались - возьми они его, утаи от барина, да и доведайся, что в нем писано... а мы, вишь, писали, что управляющий и бьет-то нас беззаконно, и всякое обижательство творит. Они видят, плохо пришло Никите, возьми да и отошли письмо-то назад к нему, да еще и свое приписали... Вот раз призывает нас так-то управляющий, этому года четыре будет, эвтак об утро, такой-то осерчалый, сердитый... а нам невдомек, и в мыслях не держали, чтой то за дело... "Ах, мол, вы такие да сякие; я вас, говорит, по-свойски! я ж вам задам! Кто, говорит, писал на меня жалобу?" да как закричит... так вот по закожью-то словно морозом проняло: знамо, не свой брат, поди-тка, сладь с ним; маненько мы поплошали тогда, сробели: ну, а как видим, дело-то больно плохо подступило, несдобровать, доконает!.. все в один голос Антона и назвали; своя-то шкура дороже; думали, тут, того и гляди, пропадешь за всех... Ну, вестимо, пришло Антону куды как жутко; уж чего-то он с ним, с сердешным, ни делал, как ни казнил, господь один знает. Был у Антона брат, Ермолай, женатый парень, того в первое рекрутство записал, а Антона на барщину да на барщину без отмены... Землица-то у него, как и у всех нас, плохая была; ну, вестимо, как рук не стало на нее, не осилил, и вовсе не пошло на ней родиться... тут, вишь, братнина семья на руках осталась, двое махоньких ребятенков, не в подмогу, а все в изъян да в изъян...

- Знамо, уж какая тут подмога - баба с ребятенками... - сказал, вздыхая, толстоватый ярославец. - Эка, мужик бедный, право...

- Это еще не все, братцы, - продолжал фабричный, постепенно воодушевляясь, - куды! он в отместку ему и землю-то у него ту отнял...

- Как, и землю отнял, землю? - крикнули многие.

- Да, отнял и вырезал ему что ни на есть плошную во всей вотчине: суглинок... Хлеба у Антона с первого же года и не стало... а жил он, нужно сказать, прежде не хуже других... Была у него при покойном барине добрая "кулига"[13] сена, и той не оставил ему Никита: жирно больно живешь, говорит... Видит Антон, нечем кормить скотинку, а нужда пришла, крайность; он и давай продавать, сердешный, то лошадку, то корову, то овцу... И что бы вы думали? и тут таки донял его Никита: не пущает его в город, да и полно; что ты станешь делать? Продавай, говорит, в деревне... Известно, какой уж тут торг, мужички же неимущие, денег нету, отдавать стал за бесценок. Пришло Антону день ото дня плоше да плоше; вестимо, мужичок не грибок: не растет под дождёк... долго ли разорить его? Так-таки совсем и разорил его, довел дотолева, что не осталось у него в доме ни полщепочки, живет как бы день к вечеру, и голодную собаку нечем стало из-под лавки выманить...

- Знамо, какое уж тут житье! Проти жара и камень треснет.

- Я чай, сам-то уж не рад, что грамоте горазд.

- Эх! бог правду-то видит, да, видно, не скоро ее сказывает! - заметил кто-то в свой черед.

_____

[13] Кулига - частица, участок. (Прим. автора.)

- И такой-то человек этот Никита, - сказал фабричный, - что хоть бы раз забыл свою злобу. Вот нагдысь сказывал мне наш же мужик, приходит к нему нынешнюю весну Антон попросить осину - избенку поправить; уж он его корил, корил, все даже припомнил... опричь того, и осины не дал... Вестимо, одно в одно; до того дошел теперь Антон, что хошь ступай сумой тряси, то есть совсем, как есть, сгиб человек... Уж так-то, право, жаль мне его...

- Как же не жаль, - начал опять ярославец. - Охо-хо!.. Ты же, брат, говоришь, мужик-ат добрый...

- Уж такой-то добрый... простой... Бывало, как жил-то хорошо, всякого готов уважить, простыня-мужик... Через простоту свою да доброту и пострадал более... Добрая была душа...

- Ох, что-то теперь с ним станется?.. Ведь лошадь, ты, брат, говоришь, у него была последняя?..

- Последняя...

- Вот то-то... мерзлой роже да метель в глаза... Плохо ему... и вряд ему найти...

- Где, где теперь найти! И господь знает, куды загнали лошадь...

- Право, кабы знал, пособил бы ему, ей-богу бы пособил, - сказал ярославец. - Послушай, брат хозяин, полно тебе жидоморничать; ну, что ты с него возьмешь, ей-богу, грех тебе будет, отдай ему полушубок... Э! Не видал, что ли, полушубка ты крестьянского?.. Слышишь, мужик бедный, неимущий... Право, отдай; этим, брат, не разживешься; пра, отдай!..

Оба фабричные и большая часть присутствующих изъявили то же мнение. Хозяин отмалчивался. Сухощавое лицо его выражало совершенное невнимание к тому, что говорили вокруг него; ни одна черта не обозначила малейшего внутреннего движения. Наконец он медленно приподнялся с своего места, погладил бороду, произнес с озабоченным видом: "пустите-ка, братцы...", подошел к воротам, окинул взором небо, которое начинало уже посылать крупные капли дождя, и, бросив полушубок Антона к себе на плечи, вошел в избу. Брань и ругательства сопровождали его.

Холодный осенний дождь - "забойный", как называют его поселяне, полил сильнее и сильнее. В одно мгновение вся окрестность задернулась непроницаемою его сетью и огласилась шумом потоков, которые со всех сторон покатились, клубясь и журча, к реке. Мужички поднялись с лавки и подошли к воротам.

- Вот тебе и ярманка, - сказал толстый мельник, выставляя свои сапоги под желоб. - Ишь какое господь посылает ненастье... Хорошо еще, что я не поторопился: того и гляди муку бы вымочил...

- Ишь, дядя Трифон, погляди-ка, как народ-то бежит по горе, -

произнес молодой парень, схватившись за бока, - вон, вон, по горе... Небось дождем-то знатно пронимает...

- Что за напасть, братцы, вот почитай месяц целый, как дождь льет бесперечь... Теперь того и гляди мороз, долго ли до беды, как раз озими обледенеют... вымочки пойдут...

- Да, погрешились, знать, перед господом богом: и прошлого года было куды с хлебами-те плохо, а как нынешний пойдет такой же, так и совсем бяда...

- Что-то теперь с земляком твоим станет, где-то он, сердешный? - сказал ярославец, подходя к одному из фабричных, прислонившемуся к завалинке. - Вот ему куды, чай, как плохо: ишь чичер, сиверца пошла какая...

- А что сталось, - перебил седой старикашка, проходя в это время мимо, - бежит себе да бежит, как когда я его встрел... так вот и дует, чай... Такой-то мужик любопытный...

- Пошел, старый, не тебя спрашивают... Эх, жаль мне его, уж так-то, право, жаль! - прибавил фабричный, обращаясь к ростовцу.

- И полушубка-то на нем нет... у хозяина, у подлой души, за долг оставил... Чай, так-то иззяб, сердешный...

- Как не прозябнуть! Ишь какая пошла погода, все хуже да хуже, индо в дрожь кинуло... И ветрено как стало... так с ног и ломит...

- Чай, промок?

- Как не промокнуть! Говорят, в одной рубахе пошел, аль не слышишь?..

- Ишь, кругом, братцы, как есть обложило, надолго, знать, будет дождь.

- Пойдемте в избу... и здесь донимать начинает... смерть... Ишь золко добре...

И толпа повалила греться.

VIII

Никита Федорыч

Несмотря на раннюю пору и сильный морозный ветер, обращающий лужи в гололедь, троскинский управляющий, Никита Федорыч, был уже давно на ногах. Исполненный благодарности к молодым господам своим, которые так слепо доверяли его честности свое состояние, так безусловно поручали ему страшную обузу управления полуразоренного имения, он старался всеми силами если не вполне оправдать их доверие, то, по крайней мере, не употреблять его во зло. И мог ли он в таком случае щадить свои силы и здоровье? Должен ли был потакать той гнусной лени, которая, бог весть за что и почему, досталась в удел русскому человеку?.. С обязанностью управляющего соединяется всегда столько хлопот, труда, попечений, ответственности!.. Нет, Никита Федорыч не мог действовать иначе. Если б даже находился он при других обстоятельствах, то есть не пользовался бы таким безграничным доверием господ или был поставлен судьбою сам на их место, и тогда, в этом можно смело ручаться, нимало не утратил бы ни благородного своего рвения, ни деятельности, ни той ничем не сокрушимой энергии, которая так резко обозначалась в его серых, блистающих глазах; он слишком глубоко сознавал всю важность такой должности, он как будто нарочно рожден был для нее.

Иметь под надзором несколько сот бедных крестьянских семейств, входить в мельчайшие их отношения, чуять сердцем их потребности и нужды, обладать возможностью иногда словом или даже движением обращать их частные горести в радость, довольствоваться умеренно их трудами, всегда готовыми к услугам, и вместе с тем наблюдать за их благополучием, спокойствием, - словом, быть для них, бедных и безответных, отцом и благодетелем, - вот какая доля досталась Никите Федорычу! вот чему он так горячо мог сочувствовать и сердцем и головою. И, боже, как был счастлив троскинский управляющий! Как легко довелось ему стать в положение такого человека! Есть люди, которые с детства готовятся для какого-нибудь назначения, работают денно и нощно, истощают все силы и средства свои и все-таки не достигают того, чтобы обнаружить свои труды и мысли на деле, тогда как он... Стоило только Аннушке, теперешней супруге управляющего, замолвить слово старому барину - и уже Никита Федорыч стоит лицом к лицу с своей задушевной целью и действует. Впрочем, сказывают, все это случилось перед самою кончиною барина.

Итак, Никита Федорыч, несмотря на раннюю пору и стужу, был уже на ногах. Он успел побывать на скотном дворе, заглянул в клеть, где стояли три тучные коровы, принадлежавшие супруге его, Анне Андреевне, посмотрел, достаточно ли у них месива, погладил их, потом прикрикнул на старую скотницу Феклу, хлопотавшую подле тощих барских телок, жевавших по какому-то странному вкусу, им только свойственному, отлежалую солому. Далее заглянул он в ригу, где несколько мужиков обмолачивали господскую рожь. Исполнив это, Никита Федорыч направился к собственному своему "огородишку", как называл он его, то есть огромному пространству отлично удобренной и обработанной земли, на котором виднелись в изобилии яблони, груши, лен, ульи и где репа, морковь, лук и капуста терпели крайнюю обиду, ибо служили только жалким украшением. Тут он совсем захлопотался с мужиками, которые окутывали ему на зиму яблони и обносили огород плотным забором и канавой. "Экой проклятый народ, - твердил он, размахивая толстыми своими руками, - лентяй на лентяе; только вот и на уме, как бы отхватать скорее свои нивы, завалиться на печку да дрыхнуть без просыпу... до чужого дела ему и нуждушки нет... бестия народ, лентяй народ, плут народ!"

Время, вот видите ли, подходило к морозам; Никита Федорыч нарочно нагнал всю барщину, думая живее отделаться с своим огородом, чтобы потом, сообща, дружнее, всем миром приняться за господскую молотьбу; но мир почему-то медленно и нехотя подвигал дело, и это обстоятельство приводило бедного управляющего в такое справедливое негодование. Пожурив, как водится, лентяев, снабдив их при случае полезными советами и поучительными истинами, Никита Федорыч поплелся через пустынный барский двор прямо к конторе. Но даже и здесь не дали ему покоя. Не успел он сделать двух шагов, как Анна Андреевна высунула из окна больное, желтое лицо свое, перевязанное белою косынкой по случаю вечного флюса, и прокричала писклявым, недовольным голосом:

- Никита Федорыч, а Никита Федорыч, ступай чай пить! что это тебя, право, не дождешься; да ступай же скорее!.. полно тебе переваливаться!..

- Иду, иду, барыня, успеешь еще... иду... - проговорил заботливый супруг.

Тут замахнулся он было в рассеянности на петуха, взгромоздившегося на соседний забор и неожиданно продравшего горло, но, к счастию, спохватился заблаговременно: петух был его собственный; он кашлянул, плюнул и, окинув еще раз двор, вошел к себе в сени.

Квартира его занимала часть старого флигеля, построенного, как водилось в прежние годы, для помещения гостей, имеющих обыкновение приезжать в провинции на неделю, а иногда и более, нимало не заботясь о том, приятно ли это или нет хозяину. Но теперь не оставалось и тени тех крошечных, уютных комнаток с ситцевым диванчиком, постелью, загроможденною перинами, умывальником подле окна с вечно висевшим над ним пестрым полотенцем - узаконенным годичным приношением трудолюбивых деревенских баб. Следы комнаток обозначались лишь на внутренней стене всего здания желтоватыми полосами от перегородок, замененных двумя капитальными стенами, с сеничками посередине, разделявшими флигель на две равные половины. Над дверьми одной стороны сеней висела черная доска с надписью: "Контора"; над дверьми другой не было никакой надписи - да и не надо было: всякий знал хорошо, что тут жил Никита Федорыч. Нельзя пропустить без внимания промежутка между двумя этими половинами, то есть сеничек; они также имели свое особое назначение, хотя также не видно было никакой надписи: здесь в летнее время Никита Федорыч производил суд, или, лучше сказать, расправу над провинившимися крестьянами, порученными его надзору, с истинно безукоризненной справедливостью.

Квартира управляющего состояла из темной прихожей, в то же время кухни, и трех больших светлых комнат. В первой из них, как прежде других бросающейся в глаза, хозяин и хозяйка старались завсегда соблюдать чистоту и порядок. Предметы роскоши также имели здесь место. В самом светлом и видном углу блистал ярко вычищенный образ в богатой серебряной ризе, которым покойный барин, в качестве посаженого отца, благословил жену бывшего своего камердинера; подле него на старинной резной горке находился разрозненный фарфоровый сервиз, или, лучше сказать, несколько разрозненных сервизов, вероятно тоже подаренных в разных случаях старым барином смазливой Анне Андреевне. В остальных углах и вдоль стен были установлены в ряд разнокалиберные, разнохарактерные диваны, кресла, стулья, иные из красного дерева с позолотою, другие обтянутые полинявшим штофом, которыми владел Никита Федорыч, должно быть вследствие духовного завещания после барина или чрез излишнюю к нему благосклонность покойника. Две другие комнаты были почти вплотную заставлены пожитками, перинами, холстинами, сундуками и всяким другим добром обоих супругов, не выключая, разумеется, и широкой двуспальной постели, величественно возносившейся поперек дверей. Но туда из посторонних никто не заглядывал; Никита Федорыч почему-то не допускал этого, а следовательно, и нам нет до них никакой надобности.

- У-уф! матушка Анна Андреевна, умаялся совсем с этим проклятым народом, - произнес Никита Федорыч, садясь к окну в широкие старинные кресла. - Ну, барыня-сударыня, - продолжал он, - наливай-ка теперь чайку... смотри, покрепче только, позабористее... Эй ты, ваша милость, троскинский бурмистр, поди-ка, брат, сюда... - сказал он, обращаясь к необыкновенно толстому, неуклюжему ребенку лет пяти, сидевшему в углу под стенными часами и таскавшему по полу котенка, связанного веревочкою за задние ноги. - Экой плут, зачем привязал котенка? Брось его, того и гляди, глаза еще выцарапает...

Ребенок, страдавший английскою болезнию, согнувшей ему дугой ноги, встал на четвереньки, поднялся, кряхтя и покрякивая, на ноги и, переваливаясь как селезень, подошел к отцу.

- Ну, ну, скажи-ка ты мне, молодец, - продолжал тот, гладя его с самодовольной миной по голове, - я бишь забыл, какие деньги ты больше-то любишь, бумажки или серебро?..

Это был всегдашний, любимый вопрос, который Никита Федорыч задавал сыну по нескольку раз в день.

- Бумажки! - отвечал, отдуваясь, ребенок.

- Ха, ха, ха!.. Ну, а отчего бы ты скорее взял бумажки?

- Легче носить! - отвечал троскинский бурмистр таким голосом, который ясно показывал, что уже ему надоело повторять одно и то же.

- Ха, ха, ха!.. Ну, ну, поди к матери, она тебе сахарку даст; пряничка ел сегодня?

- Нет, - сказал ребенок, глядя исподлобья на мать.

- Врешь, ел, канашка, ел... плутяга...

- Полно тебе его баловать, Никита Федорыч; что это ты, в самом деле, балуешь его, - подхватила Анна Андреевна, - что из него будет... и теперь никак не сладишь...

- Ну, ну... пошла, барыня, - вымолвил муж, громко прихлебывая чай, - будет он у меня погляди-ка какой молодец... ха, ха, ха!.. Ваня, - шепнул он ему, подмигивая на сахарницу, - возьми потихоньку, - ишь, она тебе не дает... Ну, матушка Анна Андреевна, - продолжал он громко, - видел я сегодня наших коровок; ну уж коровы, нечего сказать, коровы!..

- Мне кажется только, - заметила супруга, - Фекла стала что-то нерадеть за ними... ты бы хоть разочек пострашал ее, Никита Федорыч... даром что ей шестьдесят лет, такая-то мерзавка, право...

- Небось, матушка, плохо смотреть не станет: еще сегодня задал ей порядочную баню... Ну, видел также, как наш огородишко огораживали... велел я канавкой обнести: надежнее; неравно корова забредет или овца... с этим народцем никак не убережешься... я опять говорил им: как только поймаю корову, овцу или лошадь, себе беру, - плачь не плачь, себе беру, не пущай; и ведь сколько уже раз случалась такая оказия; боятся, боятся неделю, другую, а потом, глядишь, и опять... ну, да уж я справлюсь... налей-ка еще чайку...

- Мне говорила наша попадья, что ярманка была очень хорошая, - начала Анна Андреевна, - и дешево, говорит, очень дешево продавали всякий скот... вот ты обещал тогда купить еще корову, жаль, что прозевали, а все через тебя, Никита Федорыч, все через тебя, впрочем, ты ведь скоро в город пошлешь, так тогда еще можно будет.

- Нет, я в город не скоро пошлю, - отвечал как можно равнодушнее супруг.

- Как! а оброк-то барской когда ж пошлешь на почту? - возразила та сердито.

- Он еще не собран; да хоть бы и весь был, торопиться нечего, подождут! Брат Терентий Федорыч пишет, что барину теперь не нужны деньги... Этак станешь посылать-то без разбору - так, чего доброго, напляшешься с ними; повадятся: давай да давай... я ведь знаю нашего молодца: вот Терентий Федорыч пишет, что он опять стал ездить на игру; как напишет, что проигрался, да к горлу пристало, тут ему и деньги будут, а раньше не пошлю, хоть он себе там тресни, в Петербурге-то! Меня не учить, барыня-сударыня; я ведь знаю, как с ними справляться, с господами-то: "нет у меня денег, - написал ему, да и баста! - пар, мол, сударь, не запахан, овсы не засеяны, греча перепрела", вот тебе и все; покричит, покричит, да и перестанет; разве они дело разумеют; им что греча, что овес, что пшеница - все одно, а про чечевицу и не спрашивай... им вот только шуры-муры, рюши да трюши, да знай денежек посылай; на это они лакомки... Вот с ними так куды мастера справляться; э! матушка, знаю я их, голубчиков, не в первый раз вести с ними дело... вот потому-то и оброку не пошло... незачем!..

- Так-то ты всегда, - проговорила, ворча, хозяйка. - Когда это до нашего добра, так ты всегда кобенишься... денег небось жаль на корову... оттого и в город не посылаешь...

- Да, жаль, жаль! оттого и не посылаю...

- Жаль, то-то... а от кого и в люди-то пошел? от кого их добыл, деньги-то?..

- Ну, ну... пошла, барыня... э! смерть не люблю!..

Тут, без сомнения, возникла бы одна из тех маленьких домашних сцен, которые были так противны Никите Федорычу, если б в комнату не вошла знакомая уже нам Фатимка. Не мешает здесь заметить при случае, что лицо этой девочки поражало сходством с лицом жены управляющего, и особенно делалось это заметным тогда, когда та и другая находились вместе; сходство между ними было так же разительно, как между одутловатым лицом самого Никиты Федорыча и наружностью троскинского бурмистра. Те же черты, несмотря на разницу лет и всегдашний флюс Анны Андреевны, который сильно вытягивал их; разница состояла исключительно в одних лишь глазах; у жены управляющего были они серы и тусклы, у Фатимки - черны, как уголья, и сыпали искры. Впрочем, сходство между ними должно было приписывать одной игре природы, ибо Фатимка, или, как называли ее в деревне, "Горюшка", никаким образом не приходилась сродни Никите Федорычу.

- Ну, что? - спросил он ее.

- Мельник-с пришел... - отвечала она робко.

- Ах, я бишь совсем забыл... да, да... скажи, что сию минуту выйду в контору.

- Что там еще? - отозвалась Анна Андреевна.

- Должно быть, матушка, насчет помочи... - сказал супруг смягченным голосом, - мужиков пришел просить на подмогу...

Никита Федорыч хлопотливо покрыл недопитый стакан валявшимся поблизости календарем, искоса поглядел на жену, хлопотавшую подле самовара, потом как бы через силу, ворча и потягиваясь, отправился в контору. Косвенный взгляд этот и суетливость не ускользнули, однако, от Анны Андреевны, подозрительно следившей за всеми его движениями; только что дверь в комнату захлопнулась, она проворно подошла к сыну и, гладя его по головке, сказала ему вкрадчивым, нежным голосом:

- Ванюша... ты умница?..

- Умница.

- Сахару хочешь... голубчик?..

- Кацу.

- Ну, слушай, душенька, я тебе дам много, много сахару, ступай потихоньку, - смотри же, потихоньку, - к тятьке, посмотри, не даст ли ему чего-нибудь мельник... ступай, голубчик... а мамка много, много даст сахарку за то... да смотри только, не сказывай тятьке, а посмотри, да и приходи скорее ко мне... а я уж тебе сахару приготовлю...

- Ты обманешь...

- Нет, душенька, вот посмотри... я сюда сахарок положу... как придешь, так и возьми его...

- Ты мало положила... еще...

- Экой... ну, вот еще кусочек...

- А еще положи...

- Довольно, душечка: брюшко заболит...

- Нет, еще... еще, а то не пойду, - закричал ребенок, топая ногою.

- Ну, ну... на вот тебе еще два куска... - отвечала мать, боязливо взглянув на дверь, - ступай же теперь.

Ванюшка сполз со стула и потащился из комнаты, оборачиваясь беспрестанно к матери, которая одной рукой указывала ему на порог, другою на кучку сахару.

- Здравствуй, брат Аксентий, - сказал управляющий, подходя к мельнику и глядя ему пристально в глаза.

- Здравствуйте, батюшка Никита Федорыч, - отвечал тот, низко кланяясь.

- Что скажешь? а?..

- Да к вашей милости, батюшка, пришел.

- Ну, ну, ну... - проговорил заботливо управляющий и сел на лавочку.

- Что, батюшка Никита Федорыч, - начал мельник, переминаясь, но со всем тем бросая плутовские взгляды на собеседника каждый раз, как тот

68

опускал голову, моргал или поворачивался в другую сторону, - признаться сказать... вы меня маненько обиждаете...

- Как так?

- Да как же, батюшка: прошлого года, как я поступил к вам на мельницу, так вы тогда, по нашему уговору, изволили сверх комплекта получить с меня двести пятьдесят рублей; это у нас было по уговору, чтоб согнать старого мельника... я про эвти деньги не смею прекословить, много благодарен вашей милости; а уж насчет того... сделайте божескую милость, сбавьте с меня за... вино.

- Э! ге, ге, ге... так вы вот зачем, батюшка, изволили пожаловать! - произнес управляющий тоном человека, возмутившегося неблагодарностию другого. - Э! я тебе позволил держать вино на мельнице, беру с тебя сотню рублишков, а ты и тут недоволен, и этого много... Да ты знаешь ли, рыжая борода, что за это беда! вино не позволено продавать нигде, кроме кабаков, а уж я так только, по доброте своей, допустил это тебе, а ты и тут корячишься... Еще нынешнею весною допустил тебя положить с наших мужиков лишний пятак с воза, и это ты, видно, тоже забыл, а? забыл, что ли?..

- Нет, батюшка Никита Федорыч, мы много благодарны вашей милости за твою ласку ко мне... да только извольте рассудить, если б, примерно, было такое дело на другой мельнице, в Ломтевке или на Емельяновке, так я бы слова не сказал, не пришел бы тревожить из-за эвтого... там, изволите ли видеть, батюшка, место-то приточное, по большей части народ-то бывает вольный, богатый, до вина-то охочий; а вот здесь, у нас, так не то: мужики бедные, плохонькие... винца-то купить не на что... а мне-то и не приходится, батюшка Никита Федорыч...

- Ах ты, бестия, бестия! - говорил управляющий, качая головою, - ну, что ты мне пришел турусы-то плесть? а? Выгод тебе нет!.. Ах ты, борода жидовская!.. Да хочешь, я тебе по пальцам насчитаю двадцать человек из троскинских мужиков, которые без просыпу пьянствуют?..

- Что говорить... батюшка, есть пьющие... да только супротив Емельяновки-то того... а я вашей милости, пожалуй, перечить не стану, готов заплатить... да только, право, маненько как будто обидно станет...

- Полно тебе, старая харя, - возразил, смеясь, Никита Федорыч, - меня, брат, не проведешь; да ну, принес, что ли, деньги-то?..

- Есть, батюшка, - отвечал тот, охорашиваясь.

- То-то, выгоды тебе, верно, нет; вот оно что; вино-то почем берешь?

- Да по десяти с полтиной, батюшка-с.

- А сколько воды-то подливаешь? - спросил лукаво управляющий.

Мельник улыбнулся, почесал голову и поклонился.

- Давай-ка, давай; что толковать... - продолжал Никита Федорыч, вставая и подходя ближе к мельнику.

Тот вынул из-за пазухи тряпицу, в которой были деньги, и стал считать. В это время дверь конторы скрипнула. Никита Федорыч дернул мельника, набросил на деньги его шапку и выбежал в сени. Вскоре вернулся он, однако, совсем успокоенный; за дверью никого не оказалось.

- Вот так-то лучше, - говорил он, кладя деньги в карман, - а насчет дарового леса я уж писал барину... сказывал, что плотину сшибло паводком; он непременно пришлет разрешение выдать... ну, доволен, что ли, борода?..

- Благодарствуйте, батюшка Никита Федорыч, готов и впредь служить вашей милости, как угодно...

- Ну то-то же, смотри у меня...

- Никита Федорыч, - произнес мельник, взявшись за шапку, - к вам еще просьбица есть...

- Что такое?

- Да вот, батюшка, у вас здесь мужичок находится, Антоном звать; прикажите ему отдать мне деньги; с самой весны, почитай, молол он у меня, по сю пору не отдает; да еще встрелся я как-то с ним, на ярманку вы его, что ли, посылать изволили, так еще грубиянить зачал, как я ему напомнил... уж такой-то мужик пропастный... батюшка...

- А!.. хорошо, хорошо, - вымолвил с расстановкою управляющий, - я этого еще не знал... ну, да уж заодно не миновать ему поселений! поплатится, каналья, поплатится за все... Эй, Фатимка!.. - произнес он, отворяя дверь.

Фатимка прибежала.

- Ступай сейчас в крайнюю избу, к Антону, скажи, чтобы шел сюда...

- Да он еще не возвращался с ярманки, - возразил мельник, - я уже заходил к нему...

- Как! и нынче еще не возвращался! вчера и третьего дня тоже! ну, да ничего, тем лучше; ступай, да смотри ты, бегом у меня, зови сюда жену его; я ж им покажу!

Фатимка побежала.

- А ты, Аксентий, ступай пока домой, я с ним разделаюсь.

В сенях Никита Федорыч встретил Ванюшу, который сосал пальцы, выпачканные сахаром.

- А ну-ткась, бурмистр, - сказал отец, подымая сына на руки, - хошь ли быть троскинским управляющим?

- Кацу, - живо отвечал мальчишка.

- Ха, ха, ха!.. ну, а что бы ты стал тогда делать?..

- А вот... вот... высек бы Михешку Кузнецова...

- Ха, ха, ха! ай да бурмистр... ну, а за что бы ты его высек?

- У него, - отвечал Ваня гнусливо, - у него, вишь, бабка-свинчатка есть... он мне ее не дает...

- Ха, ха, ха... пойдем, пойдем, расскажи-ка это матери... Анна Андреевна, а Анна Андреевна! послушай-ка, что говорит наш молодчик... ха, ха, ха!.. ну-ка, Ваня, скажи же мамке, за что бы ты высек Михешку-то Кузнецова...

Но, к крайнему удивлению Никиты Федорыча, жена его не обнаружила на тот раз ни малейшего удивления к необыкновенной остроте любимого чада; она сердито поправила косынку, перевязывавшую больную щеку, и сухо сказала супругу:

- Полно пустяки-то врать!.. зачем приходил к тебе нынче мельник?

- Эка тебе, барыня-сударыня, приспичило! плотина повредилась - так мужичков просил... ведь я тебе уже сказывал...

- Ах ты, бессовестный! бессовестный! - закричала она, всплеснув яростно руками, - так-то ты? обманывать меня хочешь? Ты думаешь, что я не узнаю, что он тебе денег дал?.. ты от меня прячешь, подлая душа! Разве забыл ты, через кого в люди пошел... через кого нажился?.. кто тебя человеком сделал!..

- Что ты орешь, ведьма! - вскричал, в свою очередь, Никита Федорыч, делая несколько шагов к жене, - молчи! теперь старого барина нет, я тебе властитель, я тебе муж! шутить не стану; смотри ты у меня! Да, получил деньги, не показал тебе, не хотел говорить, да и не дам ни полушки, вот тебе и знай... да не кричать!

- Разбойник! - завопила жалобно Анна Андреевна, ложась на диван и ударяясь выть, - ты меня погубить хочешь! зарезать, обокрасть... Не жена я тебе, холопу проклятому!

- Варвара пришла-с... - произнесла Фатимка, войдя в комнату.

Услыша вопли Анны Андреевны, она быстро обернулась в ту сторону; видно было по первому ее движению, что она хотела к ней броситься, но взгляд Никиты Федорыча тотчас же осадил ее назад; она опустила глаза, в которых заблистали слезы, и проворно выбежала в сени. Управляющий вышел из комнаты, сильно хлопнув дверью. Трепещущая от страха Варвара стояла в сенях и, закрыв лицо разодранным рукавом рубахи, тяжело всхлипывала. Услышав шаги Никиты Федорыча, она мгновенно открыла лицо свое, на котором изображались следы глубокого отчаяния, простерла руки и с криком повалилась к нему в ноги.

- Батюшка! батюшка!.. не погуби! - твердила она, рыдая и орошая грязный пол и сапоги управляющего потоками слез, - не погуби... нас... сирот горемычных...

- Ступай-ка сюда, сюда! - произнес Никита Федорыч, топнув ногою.

Он указал ей на контору. Оба вошли. Фатимка, притаившись в темном углу сеней, глядела с каким-то страхом на всю эту сцену; но только что скрылась Варвара, она, как котенок, выпрыгнула из своей прятки, подбрела к дверям конторы, легла наземь и приложила глаза к скважине. Каждый раз, как голос Никиты Федорыча раздавался громче, бледное личико ребенка судорожно двигалось; на нем то и дело пробегали следы сильного внутреннего волнения; наконец все тело ее разом вздрогнуло; она отскочила назад, из глаз ее брызнули в три ручья слезы; ухватившись ручонками за грудь, чтобы перевести дыхание, которое давило ей горло, она еще раз окинула сени с видом отчаяния, опустила руки и со всех ног кинулась на двор. Так обогнула она флигель, потом опять перелезла через забор и, очутившись в крестьянских огородах, пустилась все прямо, по задам деревни. У крайних изб, за ригами, между обвалившимися плетнями стояла толпа девчонок и ребятишек; завидя ее, все в один голос принялись кричать: "Горюшка идет! Горюшка! Горюшка!" Тут Фатимка, как бы собравшись с последними силами, пустилась как стрела и, размахивая отчаянно ручонками, прокричала задыхающимся голосом:

- Беда с Варварой! бьют! бьют!!

В то самое мгновение в толпе раздался детский вопль и слова: "Ой, мамка! мамка, мамка!" В то же время из среды ребятишек выбежала рыженькая хромая девочка, уже знакомая читателю, и поскакала навстречу Фатимке, вертясь на одной ножке и пронзительно взвизгивая: "Горюшка! Горюшка!.."

- Полно тебе, Анютка: услышат! - проговорила та, удерживая ее за руку и торопливо подбегая к Аксюшке и Ванюшке, племянникам Антона, которые ревели в два кулака. - Ну, Ваня, ну, Аксюшка, - продолжала она, обхватив их ручонками, - беда! беда пришла тетке Варваре... беда! "бык-от" и дядю вашего хочет, вишь, куды-то отправить... я все, все слышала... все в щелочку глядела... не кричите, неравно услышат... право, услышат...

Все это проговорила она с необыкновенным одушевлением; ее бледные щечки разгорелись, она живо при каждом слове размахивала руками, беспрерывно поправляя длинные пряди черных своих волос, которые то и дело падали ей на лицо. Аксюшка положила свой кулачок в рот и, удерживая всхлипывания, еще пуще зарыдала.

- Ой, дядя Антон, дядя Антон, - бормотал, заливаясь, Ванюшка, - куда ты ушел?.. он бы не дал бить тетку Варвару...

- Вот что! - сказала вдруг Фатимка, выпрямляясь и становясь посредь толпы, - вот что! Ваня, Аксюшка, все, все... побежимте туда... берите все камни, швырнем ему в окно, я покажу, в какое... мы его испужаем! кто из вас меток?..

- Я! я! я! - закричало несколько тоненьких голосков, и множество худеньких ручонок замахали в воздухе.

- Я! я! Горюшка, я! - звончее всех визжала хромая Анютка, принимаясь снова кривляться вокруг Фатимки.

- Полно тебе, дура! эка бесстыжая!.. молчи!..

- Я пойду! я меток! - вскричал Ванюшка, торопливо утирая слезы, - я пойду...

И он бросился уже подымать камень; но камень пришелся не по силам; Ванюша залился снова слезами.

- Ничего, Ваня, ничего, - продолжала с тем же волнением Фатимка, - побежимте скорее... там много камней у забора... скорее, скорее, а то будет поздно... ложитесь все ползком наземь, а не то увидит; скорее, скорее...

Хромая Анютка принялась было опять за свои прыжки, но на тот раз со всех сторон посыпались на нее брань и ругательства; она поневоле легла наземь и ползком потащилась за всеми вдоль плетня на брюхе... А между тем Никита Федорыч давным-давно отпустил жену Антона. Бабы, глядевшие из окон и видевшие, как прошла она мимо деревни, перестали даже толковать об этом предмете и перешли уже совсем к другому. Никита Федорыч один-одинешенек расхаживал теперь вдоль и поперек по конторе, заложив руки назад, опустив голову; казалось, он погружен был в горькое, тревожное раздумье. Сцена, которую сделала ему Анна Андреевна, возмущала его кроткую душу. Наконец он как будто бы принял какое-то твердое намерение, ударил себя руками по полам архалука, закинул голову назад и направился к двери. В эту самую минуту верхнее слуховое окно конторы зазвенело, разлетелось вдребезги, и несколько увесистых камней упало ему чуть-чуть не на нос. Никита Федорыч обомлел: с минуту стоял он как вкопанный на одном месте, потом со всех ног кинулся в сени и, метаясь из угла в угол как угорелый, закричал что было мочи:

- Эй! кто здесь? Степан! Дормидон! Эй, Фатимка! эй, черти!..

Никто не отвечал. Никита Федорыч остановился и стал прислушиваться... Волнение его мало-помалу утихло, когда он убедился, что кругом его никого не было. Он осторожно вышел из сеней, еще осторожнее обогнул флигель и не без особенного смущения, похожего отчасти на страх, поглядел через забор. Но каково же было его изумление, когда он увидел собственное чадо.

- А, так это ты, пострел! - закричал он, грозя сыну. - Погоди! я тебя выучу бить стекла!.. ступай сюда!..

- Нет, тятенька, нет, - отвечал троскинский бурмистр, подбегая к отцу, - это ребятишки... сейчас убежали... я их видел...

- Какие ребятишки?

73

- Деревенские-с... я знаю, кто камень-то бросил, тятенька... это не я-с... не я-с.

- Ну?

- Это, тятенька-с... как бишь его?.. Ванюшка... Антонов... не я, тятенька... я сам видел...

- А!.. ну хорошо, э! э! э!.. да это того самого... э!.. хорошо, я с ним тотчас же разделаюсь... пойдем, Ванюша, холодно тебе...

Сказав это, Никита Федорыч перекинул через плетень толстые свои руки, обхватил ими сына, поднял его на плечи и с торжествующим видом направился к дому.

IX

Возвращение

...Трое суток бегал Антон, разыскивая повсюду свою клячонку; все было напрасно: она не отыскалась. В горе своем не замечал он студеного дождя, лившего ему на голову с того самого времени, как покинул он город, ни усталости, ни холоду, ни голоду... Без полушубка, без кушака и шапки, потерянных где-то ночью, метался он как угорелый из деревни в деревню, расспрашивая у встречного и поперечного о своей пегой кобылке. Никто ничего не знал; никто даже не дал ему разумного ответа. Кто молча отворачивался за недосугом, кто равнодушно отсылал его дальше, а кто попросту отзывался смешком на его оторопевшие, нескладные речи. Впрочем, и то сказать надо, что если б Антону посчастливилось даже отыскать конокрада, последствия были бы не лучше. У него не было денег. Мужички, провожавшие его за ворота постоялого двора, были совершенно правы, решив в один голос, что "не найти-де ему лошади, коли алтын нетути, попусту только измается, сердешный..."

Полный немого отчаяния, которое, постепенно возрастая в нем, жгло ему сердце и туманило голову, Антон бросил наконец свои поиски и направился к дому. Когда он ступил на троскинские земли, была глухая, поздняя ночь, одна из тех ненастных осенних ночей, в которые и под теплым кровом, и близ родимого очага становится почему-то тяжело и грустно. Льдяной порывистый ветер резал Антону лицо и поминутно посылал ему на голову потоки студеной воды, которая струилась по его изнуренным членам; бедняк то и дело попадал в глубокие котловины, налитые водою, или вязнул в глинистой почве полей, размытой ливнем. Густой туман усиливал мрак ночи; в двух шагах зги не было видно, так что иногда ощупью приходилось отыскивать дорогу. Когда ветер проносился мимо и протяжное его завывание на минуту смолкало, окрестность наполнялась неровным шумом падающего дождя и глухим журчанием потоков, катившихся по проселкам. Казалось, не было уголка на белом свете, где бы в это время могло светить солнышко и согревать человека. С каждым шагом вперед все темней и темней становилось в душе мужика. Вскоре почувствовал он под ногами покатость горы, по которой дней пять тому назад подымался на пегашке; смутно и как бы сквозь сон мелькнуло в голове его это воспоминание. Откинув дрожавшими руками мокрые волосы от лица, вперил он тогда помутившийся взор к селу и значительно прибавил шагу.

Таким образом спустя несколько времени очутился он посередь улицы. Но здесь было так же мрачно, как в поле: темнота ночи сливала все предметы в одну неопределенную, черную массу; слышно только было, как шипела вода, скатываясь с соломенных кровель на мокрую землю. Вытянув шею вперед, Антон продолжал идти, ускоряя все более и более шаг. Вдруг посреди завывания непогоды раздалась резкая, звонкая стукотня в чугунную доску... Сердце мужика вздрогнуло. Он остановился как вкопанный и поднял голову: перед ним возносился старый флигель, вмещавший контору и квартиру управляющего. Пока он силился припомнить, каким случаем попал сюда, в стороне послышались шаги, и почти в ту ж минуту грубый, сиповатый голос прокричал: "Кто тут?" Голос показался Антону чей-то знакомый; он невольно сделал несколько шагов вперед.

- Какого тут дьявола еще носит? Кто тут?.. - произнес тот же голос ближе, и Антон увидел перед собою двух человек с дубинками.

- Что ты, леший, не откликаешься? - повторил громче прежнего один из караульщиков, стукая дубинкою по грязи. - Аль оглох? Слышь, тебя спрашивают!..

Антон молчал, потирая руками мокрую свою голову.

- Стой! - закричали в один голос караульщики и кинулись на него.

Тот без всякого сопротивления дался им в руки.

- Управляющий... дома? - спросил он глухо.

Но едва успел он произнести это, как один из мужиков тотчас же выпустил его и, засмеявшись, сказал товарищу:

- Дядя Дорофей... поглядь-ка, да ведь это наш Антон!

- Ой ли?..

- Вот те Христос... отсохни руки и ноги...

- Эй, сват! - крикнул Дорофей, также выпуская Антона и принимаясь его ощупывать, - какого лешего тебе здесь надыть?.. Что с тобой?.. Аль с ума спятил?.. Без шапки, в такую-то погоду... какого тебе управляющего?.. Из города, что ли, ты?..

- Из города... - проговорил Антон, вздрагивая всем телом.

- Эхва!.. так ты теперь-то управляющего хватился!.. Ну, брат, раненько! Погоди, вот тебе ужотко еще будет... Эк его, как накатился... Федька, знать выпимши добре, ишь лыка не вяжет... Что те нелегкая дернула, - продолжал Дорофей, толкая Антона под бок, - а тут-то без тебя что было... и-и-и...

- Что?..

- Да, теперь небось что?.. что?.. Ишь у тебя язык-от словно полено в грязи вязнет... а еще спрашиваешь - что? Поди-тка домой, там те скажут - что! Никита-то нынче в обед хозяйку твою призывал... и-и-и... Ишь, дьявол, обрадовался городу, словно голодный Кирюха - пудовой краюхе... приставь голову-то к плечам, старый черт! Ступай домой, что на дожде-то стоишь...

- Эх, фаля! вот погоди, погоди; что-то еще завтра будет тебе?.. Да что ж ты ничего не баишь, аль совсем те ошеломило?! Антон, а Антон! сват!..

- А?..

Дорофей и Федька залились во все горло.

- Слышь, что ли, - произнес первый, дергая его за руку, - полно тебе зуб-то об зуб щелкать; ступай домой, пра, ступай домой, слышь, что те говорят?..

Но Антон уже ничего не слышал. С остервенением оттолкнул он наконец караульщиков и кинулся стремглав к стороне околицы.

- Антон! эй, Антон! - кричали ему вслед мужики. - Экой леший! Что с ним, право, попритчилось?..

- А что попритчилось, - примолвил Дорофей, - запил! вот те и все тут; экой, право, черт... должно быть, деньги-то все кончил... Поди ж ты, Федюха, а, кажись, прежде за ним такого дела не важивалось; управляющего, слышь, захотелось ему ночью... знать, уж больно он его донимает... ну, да пойдем, Федюха: я индо весь промок... так-то стыть-погода пошла...

- Пойдем, дядя Дорофей... Постучим еще в доску... да завалимся спать... смерть иззяб...

Немного погодя резкие, звучные удары в чугунную доску далеко разнеслись по окрестности, заглушая на минуту завывание ветра и шум бури, которая, казалось, усиливалась час от часу. Антон между тем продолжал бежать как полоумный. Поравнявшись с первыми избушками, он круто своротил к огородам и пустился задами деревни. Тут шаг его сделался тверже и медленнее. Когда он приближался к тому месту, где несколько дней тому назад поднял платок, ему вдруг почудилось, что кто-то мелькнул мимо него поперек дороги. Он остановился и оглянулся в ту сторону. В эту самую минуту сильный порыв ветра раздвоил тучу, и бледным светом озарилась та часть поля. Антон явственно различил тогда в белом пятне неба над поверхностью межи профиль старухи. Согнувшись в три погибели, она ковыляла, размахивая сучковатою своею клюкою, которой, казалось, ощупывала дорогу... Антон тотчас же узнал Архаровну. Все россказни и слухи о богатстве ее разом прихлынули ему в голову; ему пришло в голову, что она может пособить ему. Секунду спустя кинулся он вслед за побирушкой, несколькими прыжками нагнал ее и крикнул задыхающимся голосом:

- Помоги, коли хочешь спасти душу христианскую от греха - дай денег!

- Касатик! касатик! - могла только проворчать побирушка, - Христос с тобой... ой... да это... ты, родной... Антон Прохорыч... какие у меня деньги!.. Христос с тобой!..

- У тебя есть!.. Все сказывают! - прибавил он.

- Что с тобой делать, - завопила старуха, - вишь ты какой странный... аль руку на себя поднять хочешь, что ли, прости господи! - деньги... у меня в березничке... в кубышке... зарыты...

- Веди туда!.. - крикнул мужик, - веди!.. скорее...

Старуха оправилась, поспешно подняла клюку; он уцепился ей за полу, и оба быстрыми шагами пустились по дороге к роще.

Пока еще тянулся проселок, они шли ходко, но как только старуха свернула на пашню, Антон начал уже с трудом поспевать за ней; ночь стала опять черна, и дождь, ослабевший было на время, полил вдруг с такой силой, что он едва мог различать черты своей спутницы. Глинистая почва пашни прилипала к их ногам тяжелыми комками и еще более затрудняла путь; время от времени они останавливались перевести дух. Наконец старуха свела его в глубокую межу, на дне которой бежал, журча и клубясь, дождевой сток; с обеих сторон поднимались черные, головастые дуплы ветел; местами тянулись сплошною стеною высокие кустарники; кое-где белый ствол березы выглядывал из-за них как привидение, протягивая вперед свои угловатые худощавые ветви. Дорога час от часу становилась затруднительнее; ноги поминутно встречали камни или скользили в тине; иногда целые груды сучьев, сломанных ветром, заслоняли межу. Подобно несметному легиону духов, ветер проносился с одного маху по вершинам дерев, срывая миллионы листьев и сучьев; потом вдруг, как бы встретив в стороне препятствие, возвращался с удвоенною силой назад, покрывая землю глыбами смоченных листьев. Тогда грохот бури смолкал на минуту, и снова слышалось журчание потоков и однообразный шум дождя, который падал полосами на деревья и скатывался на дорогу.

- Ой, погоди, касатик, дай вздохнуть... надыть еще в овраг спущаться, - сказала старуха.

Антон молча остановился. Немного погодя они, в самом деле, начали спускаться по крутому каменистому скату в овраг. Очутившись на дне, Антон поднял глаза кверху; окраины пропасти вырезывались так высоко на небе, что едва можно было различить их очертание. Несколько раз Антону приводилось проползать под стволами дерев, опрокинутыми там и сям поперек пропасти, загроможденной повсюду камнями; старуха, по-видимому, хорошо знала дорогу; она ни разу не оступилась, не споткнулась, несмотря на то, что шла бодрее прежнего и уже не упиралась более своею клюкою. Затесавшись наконец вместе с Антоном в густую чащу кустарников, из которой выход казался невероятным, она неожиданно остановилась, рванулась вперед и закричала хриплым своим голосом:

- Ребятушки! сюда, родимые!..

Одуматься не успел Антон, как уже почувствовал себя в руках двух дюжих молодцов. Движимый инстинктивным чувством самоохранения, он бросился было вперед, но железные руки, обхватившие его, предупредили это намерение и тотчас же осадили назад.

- Куда? - сказал один из них, - куда? небось не уйдешь, и здесь подождешь!..

- Ермолаюшка, касатик, - заговорила старуха, - погоди, не замай его... родимый, ведь это брат твой, Антон; ох! рожоный, уж такой-то, право, колотырный... пристает, вишь, пособи ему, дай ему денег.

Услыша это, Ермолай отступил назад и крикнул: "Антошка, ты ли?.." Но так как Антон не отвечал, он быстро подошел к нему, взял его обеими руками за плечи, глянул ему в лицо и потом, упершись кулаками в бока, залился дребезжащим смехом.

- Антошка! черт! каким те лешим принесло сюда?.. Петруха, пусти его, небось не уйдет: он сродни!..

Петруха пристально посмотрел в лицо мужику и тотчас же выпустил его, промолвив, однако, грубо товарищу:

- Что ж, что он брат тебе... коли пришел выведать... так все одно ему...

- Да что ж ты ничего не говоришь, словно пень? - продолжал Ермолай, обращаясь к брату, который не двигался с места. - Зачем пожаловал сюда, чего те от нас надо?.. да говори же, дьявол! аль взаправду глотку-то заколотили тебе на деревне?..

- Дай ему опомниться, касатик ты мой, видно, запужался больно, -

подхватила старуха, нагибаясь и кладя что-то наземь, - вот иду я так-то, родной, из ихнего Троскина...

- Ну, что? - спросили в одно время Петр и Ермолай.

- Да вот, - отвечала она, понизив голос, - две курочки у мужичка сволочила... Ну, вот так-то, - продолжала она громко, - иду я, а он, окаянный, как кинется ко мне: денег, говорит, давай!.. такой-то пропастный!..

- Э! ге-ге... так ты, видно, горемыка! - воскликнул Ермолай. - Что, брат, знать, не по вкусу пришли дубовы-то пироги с березовым маслом?.. Да что ж ты, взаправду, ничего не говоришь? ай не рад, что встрелся?..

- Рад не рад, - произнес другой, подходя к мужику, - тебе отсель не выйти...

- Братцы, - начал вдруг Антон, как бы пробудившись от сна, - мне денег надо, денег!.. Лошадь увели намедни... последнюю лошадь... оброку платить нечем, - прибавил он через силу.

- Так ли?.. Слыхал я про эвто, да...

- Так, родной, - перебила старуха, - по миру, почитай, пустил его управитель-то...

- Ну, а ребята мои живы? - спросил Ермолай.

- Живы... да есть нечего, - отвечал мрачно Антон, - пособите, братцы, хоть сколько-нибудь дайте денег! - промолвил он голосом отчаяния.

- Мы ведь недавно, всего, кажись, три недели, сюда подоспели... Вот парнюхе старуху свою хотелось проведать... да место вышло податно, так и остались зимовать... а то бы я навестил тебя... на ребяток поглядеть хотелось, мать-то их добре померла... так что ж ты, Антонушка?.. К нам, что ли?..

- Последнюю лошадь увели, - начал снова Антон, - подушных платить нечем... денег мне надо...

- Эхма! пособить-то те можно, да вот, вишь, какое дело - деньги-то у нас не то что свои, не то что чужие. Они у нас теперь в кармане, так, стало, наши. А вот маленько прежь сего их держал у себя за пазухою купец, ехавший с ярманки; мы к нему, знашь, тово: поделись, дескать, добрый человек! Он на нас с криком, мы погрозили порядком, деньги-то с бумажником он нам и швырнул в лицо, а сам давай бог ноги... Ну, ты теперь наш, все узнал; помочь-то тебе мы поможем, да только ни гугу, а то ведь беда! Купец-то ночью нас не разглядел, да и лыжи отсюдова навострил далеко, так никто не узнает, коли ты не проболтаешься. Мы теперь зайдем в кабак вместе, недалеко отсюдова, а там дадим тебе на разживу да разойдемся на разные стороны. А что ты, Антошка, бывал у Бориски-рыжака, пивал у него когда?

- Нет.

- Ну, стало, не знает тебя рыжий?

- Не знает.

- Ну и ладно, идем... А ты, матушка, здесь оставайся!

- Вестимо, родной... вас поджидать стану... мотри только, касатик, его-то от себя не пущайте...

- Небось, не уйдет! - отвечал тот. - Ну, идемте, ребята... мотри же, Антонушка, опростоволосишься, вот те Христос, поминай как звали!..

Бродяги допили штоф, подняли кверху дубинки и, сказав еще что-то шепотом старухе, пропустили Антона вперед и начали выбираться из оврага.

Кабак, куда направлялись они, стоял одиноко на распутье, между столбовой дорогой и глубоким, узким проселком; сделав два или три поворота, проселок исчезал посреди черных кочковатых полей и пустырей, расстилавшихся во все стороны на неоглядное пространство. Ни одно деревцо не оживляло их; обнаженнее, глуше этого места трудно было сыскать во всей окрестности.

Здание кабака соответствовало как нельзя лучше печальной местности, его окружавшей: оно состояло из старинной двухэтажной избы с высокою кровлей, исполосованной по всем направлениям темно-зеленым мохом и длинными щелями. На верхушке ее торчала откосо рыжая иссохшая сосенка; худощавые, иссохшие ветви ее, казалось, звали на помощь. Стены избы были черны и мрачны; промежутки между бревнами, серо-грязноватого цвета, показывали, что мох уже давным-давно истлел. Новенькое сосновое крылечко, прилаженное ко входу избы, еще более выказывало ее ветхость. Его гладенькие вылущенные столбики, белый, лоснящийся навес с вычурами, тоненькие перила так резко бросались в глаза своим контрастом с остальною частью кабака, что невольно напоминали уродливое сочетание безобразного старика с свеженькой молодой девушкою. Здание, подобно многим в этом роде, было окружено с трех сторон навесами, дававшими тотчас же знать, что радушие хозяина не ограничивалось одною лишь косушкой: тут находился и постоялый двор; польза соединялась, следовательно, с приятным. Таким образом проходимцу или извозчику предстояло чрез это истинно благодетельное соединение выпить вместо одной косушки, уже необходимой для подкрепления сил, еще две лишние: одну, как водится, после ужина, другую при расставанье под утро.

По мере того как темнота ночи рассеивалась, черная профиль высокой кровли кабака и сосны, усеянной заночевавшими на ней галками, вырезывалась резче и резче на сероватом, пасмурном небе. Кругом тишина была мертвая. Несмотря, однако ж, на ранний рассвет, в одном из окон нижнего этажа, пока еще смутно мелькавшем сквозь полосы тумана, светился огонек. После некоторого внимания можно даже было довольно четко различить длинную тень человека, ходившего взад и вперед по избе. Вскоре тень эта скрылась. На крылечке показался тогда высокий мужчина в длиннополом кафтане на лисьем меху. Сначала нагнулся он на перила и, приложив ладонь ко лбу в виде зонтика, долго глядел на большую дорогу; потом, сделав нетерпеливое движение, незнакомец сошел вниз. Видно было, однако, что и здесь остался он недовольным; простояв еще несколько времени, махнул он наконец с досадою рукой и опять поднялся на крылечко. Находясь, должно быть, под влиянием нетерпеливого ожидания и не доверяя, вероятно, своей зоркости в первых двух попытках, он сел на ступеньки, подперся ладонью и снова принялся глядеть в туманную мглу, окутывавшую местность.

Но вот уже потянулся туман в вышину, глубокие колеи дороги, налитые водою, отразили восход, а он все еще не покидал своего места и не сводил глаз с дороги. Пахнёт ли ветерок по влажной земле, пронесется ли в воздухе стая галок, - он быстро подымает голову, прислушивается. Терпение его, казалось, наконец истощилось: он вскочил на ноги и проворно вошел в сени кабака. Тут по-прежнему увидел он рыжего целовальника, лежавшего навзничь между двумя бочками, устланными рогожей; в углу, на полу, храпели два мужика и мальчик лет тринадцати, батрак хозяина. Дверь налево, в кабак, была заперта на замок. Человек в длинном кафтане прошел поспешно сени и вступил в избу направо. Он, по-видимому, был чем-то сильно встревожен. Слабый свет догоравшей свечи, смешиваясь с белым светом утра, набрасывал синевато-тусклый отблеск на лица нескольких мужиков, спавших на нарах. На лавке подле стола, покрытого скудными остатками крестьянского ужина, сидел, опустив голову на грудь, бородатый человек, которого по одежде легко можно было принять за купца. Опершись одною рукой на стол, другою на лавочку, он храпел на всю избу. Незнакомец прямо подошел к нему и дернул его за руку; потеряв равновесие, купец свалился на лавку и захрапел еще громче.

- Матвей Трофимыч, - сказал с досадою незнакомец, принимаясь будить его, - Матвей Трофимыч! проснись, эй!.. но она ли теперь? Да встань же... ну...

- Мм... а что, брат приехал? - отозвался купец, торопливо протирая глаза.

- Какой приехал! Слышь, Матвей Трофимыч... мне все думается, не беда ли какая случилась с братом...

- Гм! - произнес Матвей Трофимыч, приподнимаясь, - давно бы надо здесь быть... вечор еще... сколько бишь, сказывал он, верст от города до Марина?

- Да никак двадцать или двадцать две, говорил...

- Эх, напрасно, право, мы с ним тогда не поехали, получка денег не бог знает сколько взяла бы времени!.. Да делать нечего, подождем еще, авось подъедет...

- Мне все думается, не прилучилось бы с ним беды какой... поехал он с деньгами... долго ли до греха... так индо сердце не на месте... Слыхал ты, мужики вечор рассказывали, здесь и вчастую бывает неладно... один из Ростова, помнишь, такой дюжий, говорил, вишь, из постоялого двора, да еще в ярманку, вот где мы были-то, у мужичка увели лошадь.

- Ой ли?..

- То-то, Матвей Трофимыч, ты спал, а я слышал...

- Авось бог милостив... ох-хе-хе...

В то время в избу вошел целовальник; закинув коренастые руки свои назад за шею, он протяжно зевнул и сказал, потягиваясь:

- А что, не приезжал еще ваш товарищ?..

- Нет, брат, не едет, да и полно, - отвечал высокий, - я уж поджидал, поджидал, глаза высмотрел... побаиваемся мы, не случилось ли с ним беды какой... ехал ночью, при деньгах... на грех мастера нет...

- Что случится... запоздал, должно быть...

- У вас вот, говорят, на дорогах-то шалят больно... вот об эвтом-то мы и сумлеваемся...

- Что говорить, случалось, всяко бывает; да уж что-то давно не слыхать; намедни вот, сказывают, бабу, вишь, какую-то обобрали... а то не слыхать... кажись, смирно стало...

- О-ох, беда, да и только... уж не съездить ли мне в Марино... далече отселева станет?

- Верст семнадцать без малого... да вы не ездите... обождите... Господь милостив... о!.. о!.. (целовальник зевнул). - Эй, Пахомка! что ты, косой черт... - крикнул он, выходя в сени и толкнув под бок ногою мальчика, - вставай, пора продрать буркалы-те... время кабак отпирать... день на дворе...

Матвей Трофимыч сел снова на лавочку и задремал; товарищ его вышел на крылечко и снова принялся глядеть на дорогу.

Вскоре кабак ожил. Зазвенели склянки, зашумел народ, все пришло в движение. Работница-стряпуха затопила печь, мужики завозились под навесами, и немного погодя послышались уже громкие восклицания и удалая песня. Человек в длиннополом кафтане продолжал глядеть с тем же притупленным вниманием на дорогу. Вдруг он поднялся, взбежал на крыльцо и вытянул вперед шею, как бы силясь приблизиться к увиденному им вдалеке предмету. Но лицо его, обнаружившее радость, мгновенно нахмурилось; обманутый ожиданием, он печально отошел назад. На дороге показались три пеших человека.

Когда подошли они ближе, купец невольно обратил на них внимание. Двое из них были покрыты грязными лохмотьями, лица их были тощи и изнурены; щетинистые, взъерошенные брови и бакены придавали им вид суровый, дикий. Наружность третьего путника особенно поразила купца. Это был высокий сгорбленный мужик лет шестидесяти, покрытый сединою, с лицом известкового, болезненного цвета, он как будто удручен был каким-то сильным недугом. Голова его несколько висела набок; огромные коренастые руки старика как-то безжизненно болтались при каждом шаге вдоль угловатых, костлявых ног, перепутанных разодранными онучами, покрытыми грязью. Он, казалось, совершенно бесчувствен был к стуже, которая багровила ему грудь и плечи, едва прикрытые лохмотьями крестьянской рубашки. Приблизившись к кабаку, товарищи старика оглянулись сначала на все стороны, потом взяли его под руки и поспешно вошли в кабак, не взглянув даже на сидевшего незнакомца. Купец, поглядев еще несколько минут на дорогу, тоже вошел в кабак. В голове его невольно мелькнуло какое-то подозрение...

Большая часть мужиков, заночевавших у целовальника, находилась уже тут; некоторые из них стояли посередь избы и о чем-то горячо спорили, другие сидели на лавочке за большим столом. В углу подле сороковой бочки, уставленной разнокалиберными медными воронками, за небольшим столиком сидели по обеим сторонам Антона брат его Ермолай и Петрушка. Перед ними стояли штоф и стаканы. Ермолай, положив локти на стол и запустив ладони в черные свои волосы, глядел беспечно в окно; но усилия, с какими расширял он глаза, беспрерывное движение мускулов на узеньком лбу его и легкое наклонение головы свидетельствовали, что он жадно прислушивался к тому, что говорилось вокруг. Антон и другой его товарищ сидели насупясь и молчали. Немного спустя целовальник подошел к купцу.

- Ну, что? - сказал он, - видно, брат-от не едет...

- Нет, не едет, - отвечал тот, бросив косвенный взгляд на угол, где сидели бродяги, - я уж, право, думаю, беда случилась... он был при деньгах... поехал ночью...

Движение Ермолая и товарища его, который быстро поднял голову, не ускользнуло от купца; сердце его колотилось так сильно, что он несколько секунд не мог произнести слова; оправившись, он продолжал, однако стараясь принять по возможности спокойный вид:

- Ты же, брат, рассказывал, что у вас здесь какую-то бабу обобрали на дороге... точно, место глухое... чего доброго, ограбят еще...

Речь замерла у него на устах; взгляд, брошенный Ермолаем на дверь и на товарищей, усиливал в нем подозрение; все говорило ему, что тут крылось что-то недоброе. Он как бы нехотя приподнялся с своего места и, толкнув локтем целовальника, вышел с ним в сени.

- Слушай, брат хозяин, - сказал он торопливо, - мне сдается, беда прилучилась... видал этих трех, что сидят в углу подле бочки?..

- Как же... а что?..

- Сделай милость, - продолжал купец убедительным голосом, - ради господа бога, не пущай ты их, разведаем сперва, что они за люди... тебе будет не в обиду... ишь они какими недобрыми людьми выглядят... И тот, что с ними, старик-ат... в одной рубахе... точно, право, бродяги какие... не пущай ты их... я пойду разбужу товарища... мне, право, сдается, они...

И купец, не докончив речи, опрометью кинулся в избу. Целовальник, страстный охотник до всяких свалок и разбирательств и которому уже не впервые случалось накрывать у себя в заведении мошенников, тотчас же принял озабоченный вид, приободрился и, кашлянув значительно, вошел в кабак. Ермолай и его товарищи успели опорожнить в то время штоф и сбирались в путь.

- Хозяин, - сказал он, подходя бодро к целовальнику, - что с нас?

- Штоф, что ли? - спросил тот, окидывая взором стол и Антона, сидевшего недвижно, как и прежде.

- Да, брат, штоф, - отвечал Ермолай, надевая одною рукою шапку, другою подавая красную ассигнацию. - Эх, жаль, время не терпит, а то бы знатную у тебя выпивку задали.

- А вам нешто к спеху, - продолжал рыжий Борис, которому красная бумажка показалась что-то подозрительною в руках такого оборванца. - Вы отколь?..

- А мы, брат, сдалече, копальщики, идем с заработок... домой, - отвечал, нимало не смущаясь, Ермолай и в то же время подал знак Петру, указав на брата.

Но, заметив усилия, с какими Петр приподнимал Антона на ноги, целовальник спросил:

- А что это у вас товарищ-ат... кажись, разнемогся...

- Да... на дороге из Тулы... что-то животы подвело... - отвечал Петр, подбираясь с Антоном к двери.

- Хозяин, давай-ка скорей сдачу, - сказал Ермолай нетерпеливо.

Но купец, сопровождаемый несколькими мужиками, загородил им дорогу. В числе мужиков находился и ростовец, тот самый, что встретился с Антоном на ярмарке. Увидя его, он растопырил руки и произнес радостно:

- А! здорово, брат, как тие бог милует... Вот не чаял встретить! ну что, нашел лошадь?

Антон вздрогнул.

- Разве ты его знаешь? - спросил удивленный купец.

- Как же! - отвечал ростовец, подходя ближе к Антону, - да ведь это, братцы, тот самый мужичок, что сказывал я вам вечор, у кого лошадь-то увели... ну, брат... уж как же твой земляк-то убивался!..

Несколько мужиков встали с своих мест и подошли с участием к Антону.

- Мы на другой день нашли его лошадь... - отвечал, оторопев, Петр, - насилу откупились...

- Ой ли?..

- Да тебе-то что?.. - сказал Ермолай, толкнув плечом ярославца и силясь пробиться к двери. Видно было, что ему становилось уже неловко.

- Ты, брат, мотри не пихайся, не к тебе слово идет...

- Стой, молодец! - произнес вдруг целовальник, удерживая бродягу. - Как же ты говорил мне, вы с заработок шли... а вот он его видел (тут Борис указал на ростовца и потом на Антона) с лошадью на ярмарке... и сказывал, мужик пахатный... помнится, еще из ближайшей деревни...

- Как же, из Троскина какого-то, - заметил ростовец.

- Что ж ты бабушку путаешь? - воскликнул Борис, подступая к Ермолаю. - Какой же он копальщик?..

- Да чего тебе от нас надо? - крикнул Ермолай, врываясь силою в двери.

- Нет, погоди... постой... эй, ребята! не пущайте его... сказывай прежде, что вы за люди...

- Разбойники, разбойники! - завопил неожиданно купец, выхватывая из рук Ермолая зеленые замшевые рукавицы, которые тот не подумал второпях спрятать. - Братцы! вяжи их! братнины рукавицы!.. знать, они его ограбили... крути их!..

- Эй... держи!.. вяжи!.. держи!.. - раздалось со всех сторон в кабаке, и толпа мужиков обступила бродяг.

- Чего вы, дьяволы! ну что, - кричал Ермолай, становясь в оборонительное положение, - ну, что вам надо?..

- Откуда у тебя рукавицы, разбойник? - произнес купец, хватая его за грудь.

- На дороге нашел!..

- Врешь, собачий сын!.. - сказал целовальник, вытаскивая в эту самую минуту из-за пазухи Ермолая замшевый бумажник. - А это что?..

Не прошло минуты, как уже Ермолай лежал в сенях, связанный по рукам и по ногам; Петрушку также выводили из кабака; проходя мимо товарища, он сказал дрожащим, прерывающимся голосом:

- Братцы... отпустите меня... за что вы меня тащите... это вот он с своим братом... мужик тот... седой-то... обобрали купца... отпустите!..

- Как! убили! - завопил купец, вбегая в сени. - Обобрали!.. - И он кинулся как полоумный вон из избы.

- Эй, целовальник! хозяин! - закричал Матвей Трофимыч рыжему Борису, все еще хлопотавшему подле Ермолая, - посылай скорее в их вотчину... в накладе не будешь... скорей парня на лошади посылай в их деревню за десятским... за управляющим... да ну, брат, проворней!..

Пока прикручивали Петра, в дверях кабака послышался страшный шум; в то же время на пороге показалось несколько мужиков, державших Антона; ухватив старика кто за что успел, они тащили его по полу с такою яростью, что даже не замечали, как голова несчастного, висевшая набок, стукалась оземь. Глаза Антона были закрыты, и только судорожное вздрагивание век и лба свидетельствовало о его жизни. Сквозь стиснутые зубы и на бледных губах его проступала кровь. Толстоватый ярославец, казалось, более других был в бешенстве; он не переставал осыпать его ударами.

- Вяжи его, разбойника... вяжи!.. - кричал он хриплым голосом. - Вишь, надул... мошенник... надул, собака... а я-то, волк меня съешь, еще плакал было над ним... тащи его!.. разбойника!.. вяжи его! вяжи!..

- Эй, Степка! бери скорей лошадь, валяй в Троскино село, - сказал целовальник вбежавшему дворнику, - ступай прямо к управляющему, зови его сюда... да скажи, чтоб слал народу, разбойников, вишь, поймали из их вотчины...

Тот опрометью кинулся под навесы. Немного погодя Степка мчался что есть духу по дороге в Троскино. Рыжий Борис, Матвей Трофимыч и еще несколько человек из мужиков стояли между тем на крылечке, махали руками и кричали ему вслед:

- Ступай, не стой... мотри, скорей... зови управляющего, зови народ... погоняй, не стой!..

X

Заключение

Неделю спустя после происшествия в кабаке на улице села Троскина толкалась почти вся деревня; каждый, и малый и взрослый, хотел присутствовать при отправлении разбойников. Пестрая толпа из мужиков, баб, девок, ребят и даже младенцев, которых заботливые матери побаивались оставить одних-одинешеньких в качках, окружала с шумом и говором две подводы, запряженные парою тощих деревенских кляч. В телегах покуда никого еще не было. Прислонившись к одной из них, стояли друг подле дружки два седые старика в рыжеватых коротеньких полушубках, туго подтянутых ремнем; медные восьмиугольные бляхи, пришитые к правой стороне груди каждого из них, и обритые бороды давали знать, что это были не кто иные, как наемные сотские из стана. Оба дружелюбно разговаривали с молодым парнем, которому, в качестве хозяина очередной подводы, следовало везти конвойных до ближнего острога. Поодаль от этой группы находился служивый этапной команды; опершись на ружье и повернувшись спиною к хозяину другой телеги, малому лет шестнадцати, он то и дело поглаживал щетинистый ус свой и вслед за тем лукаво подмигивал близстоявшим бабам. По другую сторону подвод сидели, прислонившись на ось, кузнец Вавила и его помощник. Последний расположился на кожаном мешке, из которого выглядывали железные кольца и молоты; он свирепо почесывал затылок и, закинув голову назад, всматривался почему-то очень пристально в небо, покрытое густыми беловатыми тучами. К ним-то толпа и напирала сильнее всего. Каждый старался просунуть голову, чтобы только хоть вскользь да поглядеть на новые березовые колодки, лежавшие грудой у ног Вавилы. Высокий плешивый старик, стоявший впереди других, не утерпел даже, чтобы не прикоснуться к ним несколько раз ногою.

- Эки штуки! - произнес он наконец, проворно отдергивая ногу.

- А чего надо? - сказал сурово Вавила. - Не видал, что ли?..

- Нет, не приводилось, - отвечал тот с сожалением, - занятно больно...

- А что, дядя Вавила, я чай, куды тяжелы станут? - спросила, в свою очередь, красная, как мак, и востроносая, как птица, баба, вытягивая вперед длинную, костлявую свою шею.

- Вестимо, тяжелы... попробуй... - отвечал кузнец.

- Ну, ты что лезешь... нешто не видала? Пошла, вот как двину! - вымолвил высокий плешивый старик, выжимая востроносую бабу из толпы и снова устремляя круглые свои глаза на колодки - предметы всеобщего любопытства.

- Где ты их срубил, дядя Вавила, в осиннике, что ли? - вымолвила румяная курносая девка, повязанная желтым платком, высунув голову из-за плеч сгорбленной, сморщенной старушонки.

- А тебе на што?..

- Эх, я чай, побредет теперь наш Антон, - заметил кто-то далее. - Вот привелось на старости лет надеть сапожки с какой оторочкою...

87

- Поделом ему, мошеннику!.. А разе кто велел ему на старости лет принять такой грех на душу... Шуточное дело, человека обобрать!..

- Да, братцы, не думали, не гадали про него, - начал опять другой. - Дались мы диву: чтой-то у нас за воры повелись: того обобрали да другого; вот намедни у Стегнея все полотно вытащили... а это, знать, всё они чудили... Антон-от, видно, и подсоблял им такие дела править... Знамо, окромя своего некому проведать, у кого что есть...

- Поделом ему, мошеннику, поделом... Что вы его, разбойника, жалеете, братцы...

- Тетка Федосья, была ты ономнясь на улице, как провели ту побирушку-то, что к нам в деревню шлялась?

- Нет, матушка, не привелось видеть; ведь она, сказывают, мать тому бедному-то?

- Мать... Трифон Борисов баил, уж такая-то, говорит, злыдная, невесть какая злыдная; руку, говорит, чуть было не прикусила ему, как вязать-то ее зачали.

- Что ты?

- Провалиться мне на этом месте, коли не сказывал... Вот, тетка Федосья, и на уме ни разу не было, чтобы она была таковская... Поглядеть, бывало, смирная, смирная... еще и хлебушки подашь ей, бывало...

Словом, всюду в толпе, окружавшей подводы, раздавались толки да пересуды. Но вдруг толпа зашумела громче, и со всех сторон раздались голоса: "Ведут! ведут!"

На противоположном конце улицы показались тогда Ермолай, Петр, Архаровна и Антон; впереди их выступал с озабоченным, но важным видом Никита Федорыч, провожаемый сотскими и старостами; по обеим сторонам осужденных шли несколько человек этапных солдат в полной походной форме, с ружьем и ранцем; позади их валила толпа народу. Между нею и Антоном, который шел позади товарищей, тащилась, переваливаясь с ноги на ногу и припадая беспрестанно на колени, Варвара, сопровождаемая Ванюшею и его сестрою, ревевшими на всю деревню. В стороне от всех бежала, то тискаясь, то рассыпаясь, писклявая ватага девчонок и ребятишек. Рыженькая хромая девочка, прыгая на одной ножке и коверкаясь как бесенок, опережала всех.

- Пошли прочь! - крикнул сердито Никита Федорыч, расталкивая мужиков и баб, теснившихся вокруг телег. - Чего стали?.. Пошли, говорю. Ну, ты, вставай да набей-ка им колодки, мошенникам. А вы смотрите, братцы, - продолжал он, обращаясь ласково к старикам, сотским и солдатам, - не зевайте, держите ухо востро!

Никита Федорыч отошел несколько в сторону.

Вавила приступил немедленно к исполнению приказания. В толпе воцарилось глубокое молчание, так что с одного конца улицы в другой можно было ясно расслышать удары молотка, которым кузнец набивал колодки.

- Эх, брат Вавила, - произнес бойко Ермолай, подставляя ногу, - вот где привелось свидеться!.. Помнишь, кум, как пивали вместе? Лихой, брат, был ты парнюха!

- Садись, мошенник! - сказал ему Никита Федорыч, - садись! Вот погоди-ка, тебе покажут парнюху.

Ермолай с помощью сотских взгромоздился на телегу подле Архаровны и Петра. Когда очередь пришла Антону и Вавила, усадив его на ось телеги, ударил в первый раз по колодке, посреди смолкнувшей толпы раздался вдруг такой пронзительный крик, что все невольно вздрогнули; почти в то же мгновение к ногам Антона бросилась Варвара; мужики впихнули за ней Ваню и Аксюшу. Понява Варвары распадалась лохмотьями; волосы ее, выпачканные грязью, обсыпали ей спутанными комками лицо и плечи, еле-еле прикрытые дырявою рубахой. В беспамятстве своем она ухватилась обеими руками за ноги мужа, силясь сорвать с них колодки.

- Отец ты наш... отец, батюшка... Ой, родные, спасите... вы меня... не пущайте его, родного сиротинушку, на кручину лютую... На кого-то, отец, оставишь ты нас, горемычных!..

Далее ничего нельзя было разобрать: протяжное рыдание заглушило ее несвязную речь. Ваня и сестра его стояли неподвижно подле дяди и обливались слезами.

- Эй, братцы! - закричал снова Ермолай. - Мотрите, по старой дружбе не давайте моих ребят в обиду, они непричастны!.. Эй вы, девки, и юбки-голубки, сорочки-белобочки, - присовокупил он, подмигивая глядевшим из толпы девкам, - мотрите, будьте им отцами!..

Антон, сидевший по сю пору с видом совершенного онемения, медленно приподнял голову, и слезы закапали у него градом.

Он хотел что-то сказать, но только махнул рукой и обтер обшлагом сермяги глаза.

- Ну, сажай его! - сказал Никита Федорыч, указывая сотским на Антона. - А вы-то что ж стоите?.. Садись да бери вожжи; что рты-то разинули!.. Эй вы, старосты, оттащите ее... было ей время напрощаться с своим разбойником... Отведите ее... Ну!..

- Батюшка! - вскричала Варвара, судорожно протягивая руки к мужу. - Ба... тю... шка!.. Ох, Антонушка!.. Ох!..

И баба грохнулась со всех ног наземь.

- Эхма! тетка Варвара, - начал опять Ермолай, взмостясь на

перекладину телеги. - Полно! его не разжалобишь (он указал на Никиту Федорыча): ишь он как пузо-то выставил...

- Трогай! - закричал сердито Никита Федорыч, махнув рукою мужикам, усевшимся на облучки подвод.

Они ударили по лошадям, присвистнули, и телеги покатились.

Толпа кинулась вслед за ними; впереди всех, подле самых колес, скакала, вертясь и коверкаясь на одной ножке, рыжая хромая Анютка.

- Прощайте, ребята, прощайте! - кричал Ермолай, размахивая в воздухе шапкой. - Не поминайте лихом! Прощайте, братцы, прощайте, нас не забывайте!

Телеги приближались к околице. В это время белые густые тучи, висевшие так неподвижно на небе, как бы разом тронулись, и пушистые хлопья первого снега повалили, кружась и вертясь, на землю. Вмиг забелела улица Троскина, кровли избушек, старый колодец, а наконец и поля, расстилавшиеся далеко-далеко вокруг всей вотчины; холодный ветер дунул сильнее, и снежная сеть заколыхалась, как тяжелое необъятное покрывало. Никита Федорыч закутался плотнее в свой архалук и обернулся к околице; но ничего уже не увидел управляющий; даже крайние избы села едва заметно мелькали сквозь пушистые хлопья валившего отовсюду снега.

- Эки мошенники! - произнес он, отряхиваясь и продолжая путь. - Ведь вот говорил же я, что вся семья такая... Недаром не жалел я их, разбойников... Ну, слава богу, насилу-то наконец отделался!.. Эк, подумаешь, право, заварили дело какое... с одним судом неделю целую, почитай, провозились... Ну, да ладно... Теперь, по крайней мере, и в помине их не будет!..

Размышляя таким образом, Никита Федорыч не заметил, как подошел к конторе. Голос Анны Андреевны мгновенно вывел его из задумчивости.

- Никита Федорыч, а Никита Федорыч, ступай чай пить! - прокричала она, высовывая из форточки желтое лицо свое, перевязанное белой косынкой. - Ступай чай пить, полно тебе переваливаться-то!..

- Иду, иду, барыня-сударыня, - отвечал супруг с достоинством и вошел в сени старого флигеля, не заметив Фатимки, которая стояла за дверьми и, закрыв лицо ручонками, о чем-то разливалась-плакала.